本書の特色と使い方

　現場の先生方から，1日15分程度でできる宿題プリントや，朝学習や補充学習にも使えるプリントがほしいという要望が，これまでにたくさん寄せられました。それらの先生方の要望に応え，各学年の教科書の単元にあわせて，1シート約15分〜20分でできるプリントを作成しました。算数，国語（文法），理科，社会科（または，生活科）の教科から子どもたちに習得して欲しい内容を精選して掲載しています。ぜひ，本書を活用して，基礎学力や学習習慣の定着をはかって頂ければと思います。

教科書内容の基礎学力が定着します

　教科書の内容が十分に身につくよう，各社教科書を徹底研究して，各学年で習得してほしい基礎的な内容を各教科入れています。学校の授業だけではなかなか定着が難しいため，宿題，家庭学習は大変重要になってきます。本書に1年間取り組むことにより，どの子にも確実に豊かな基礎学力が定着します。

朝学習や補充学習，夏休みや冬休みの家庭学習としても使えます

　毎日の宿題だけでなく，朝学習，補充学習，夏休み・冬休みの家庭学習など多様な使い方ができます。算数と理科，国語と社会など，左右異なる教科のシートを組み合わせたり，学校での学習進度に合わせて単元を入れ替えたりして，それぞれの場面に応じてご活用ください。

122%拡大して B5 サイズまたは，B4 サイズでご使用ください

　本書は，122%拡大して使用していただくと，1ページ（A4サイズ）がB4サイズになります。B4サイズを半分に切ると，B5サイズで使えます。ぜひ拡大してご使用ください。

「算数」では，今，習っている単元と既習単元の復習ができます

　「算数」では，各シートの下段に「復習」があり，前学年や，現学年での既習単元の計算問題や文章題，関連する問題を中心に掲載しています。（「復習」がないシートもあります。）

　現在学習している内容だけでなく，既習内容に続けて取り組むことで，確実に力をつけることができます。

※ 教科書によって単元の順番が異なるため，ご使用の教科書によっては未習の場合もありますのでご注意ください。

目　次

理　科

解　答

1億より大きい数（1）

名前

① 次の数は、2021年の世界のおよその人口です。
この数について考えましょう。

| | | 7 | 8 | 7 | 5 | 0 | 0 | 0 | 0 | 0 | 0 |

① 5は何の位の数ですか。　　　（　　　　　　）の位

② 8は何の位の数ですか。　　　（　　　　　　）の位

③ 7875000000の読みを漢字で書きましょう。

（　　　　　　　　　　　　　　　　　　　　　）

② 次の数を書きましょう。

① 千万を10こ集めた（10倍した）数　　　（　　　　　　）

② 一億を10こ集めた（10倍した）数　　　（　　　　　　）

③ 十億を10こ集めた（10倍した）数　　　（　　　　　　）

④ 百億を10こ集めた（10倍した）数　　　（　　　　　　）

ふく習 ....

● 次の数を数字で書きましょう。

① 千万を4こ、百万を7こ、十万を8こ、一万を9こあわせた数

② 千万を6こ、十万を2こあわせた数

③ 千万を1こ、一万を5こあわせた数

④ 百万を3こ、千を7こあわせた数

1億より大きい数（2）

名前

● 次の数を表に書いて、（　）に読み方を漢字で書きましょう。

① 世界の森林の面積　　40兆3000億 m²

千	百	十	一	千	百	十	一	千	百	十	一	千	百	十	一
			兆				億				万				

（　　　　　　　　　　　　　　　　　　　　　）

② 2020年日本の工業総生産額　　322兆1260億円

千	百	十	一	千	百	十	一	千	百	十	一	千	百	十	一
			兆				億				万				

（　　　　　　　　　　　　　　　　　　　　　）

③ 2020年日本の農業総生産額　　9 0558 0000 0000円

千	百	十	一	千	百	十	一	千	百	十	一	千	百	十	一
			兆				億				万				

（　　　　　　　　　　　　　　　　　　　　　）

④ 2021年日本の一般予算総生産額　　106 6097 0000 0000円

千	百	十	一	千	百	十	一	千	百	十	一	千	百	十	一
			兆				億				万				

（　　　　　　　　　　　　　　　　　　　　　）

ふく習 ....

● 下の数直線で、㋐〜㋕にあてはまる数を書きましょう。

① ㋐ [　　] ㋑ [　　]

400万　　500万　　600万　　700万

② ㋒ [　　]　㋓ [　　] ㋔ [　　]

3800万　　3900万　　4000万　　4100万

1億より大きい数（3）

名前

① 5億6000万は, どんな数ですか。（　）にあてはまる数を書きましょう。

① 5億6000万は, 1億を（　　　）こ, 1000万を（　　　）こあわせた数です。

② 5億6000万は 1000万を（　　　）こ集めた数です。

② 次の数を数字で書きましょう。

① 1億を2こ, 100万を6こあわせた数

（　　　　　　　　　　　　　）

② 1兆を9こ, 1億を5こあわせた数

（　　　　　　　　　　　　　）

③ 1億を 315 こ集めた数

（　　　　　　　　　　　　　）

④ 1000億を 27 こ集めた数

（　　　　　　　　　　　　　）

⑤ 1億を 10000 こ集めた数

（　　　　　　　　　　　　　）

ふく習

● 次の数を 10倍, 100 倍した数を書きましょう。

① 4800

10 倍（　　　　　　　）　　100 倍（　　　　　　　　）

② 61000

10 倍（　　　　　　　）　　100 倍（　　　　　　　　）

● 次の数を 10 でわった数を書きましょう。

① 8000　　（　　　　　　　　）

② 70200　　（　　　　　　　　）

1億より大きい数（4）

名前

● 次の数直線の⑰～㋙にあてはまる数を書きましょう。

①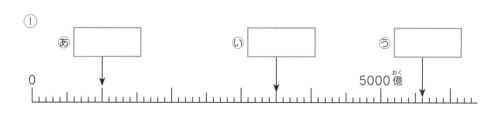

0 ……… 5000億

②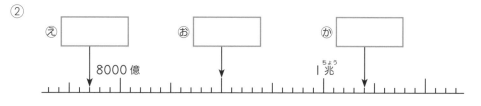

8000億 …… 1兆

③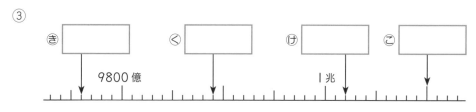

9800億 …… 1兆

ふく習

①32 × 45　　②64 × 17　　③69 × 78　　④288 × 67

1億より大きい数（5）

名前

1　次の数を10倍，100倍した数を書きましょう。

	10倍	100倍
① 24億	（　　　　　）	（　　　　　）
② 7000万	（　　　　　）	（　　　　　）
③ 1500億	（　　　　　）	（　　　　　）
④ 4兆700億	（　　　　　）	（　　　　　）

2　次の数を10でわった数（$\frac{1}{10}$にした数），100でわった数（$\frac{1}{100}$にした数）を書きましょう。

	10でわった数	100でわった数
① 800万	（　　　　　）	（　　　　　）
② 72億	（　　　　　）	（　　　　　）
③ 4兆6000億	（　　　　　）	（　　　　　）
④ 30兆20億	（　　　　　）	（　　　　　）

3　⓪〜⑨までの数を1回ずつ使って，2番目に大きい数をつくりましょう。

ふく習

① 8 ÷ 4　　② 28 ÷ 7　　③ 42 ÷ 6

④ 18 ÷ 2　　⑤ 21 ÷ 3　　⑥ 30 ÷ 5

⑦ 56 ÷ 8　　⑧ 36 ÷ 9　　⑨ 48 ÷ 6

⑩ 54 ÷ 9　　⑪ 42 ÷ 7　　⑫ 16 ÷ 8

⑬ 9 ÷ 3　　⑭ 16 ÷ 4　　⑮ 40 ÷ 5

⑯ 36 ÷ 6　　⑰ 49 ÷ 7　　⑱ 32 ÷ 4

1億より大きい数（6）

名前

1　筆算でしましょう。

① 231 × 241　② 678 × 764　③ 866 × 745　④ 903 × 523

⑤ 806 × 745　⑥ 98 × 276　⑦ 560 × 702　⑧ 606 × 830

2　43億と29億の和と差を求めましょう。

和（　　　　　）　差（　　　　　）

3　32 × 24 = 768を使って，答えを求めましょう。

① 320 × 240　　　　② 3200 × 24000

ふく習

① 37 ÷ 8　② 29 ÷ 4　③ 18 ÷ 5　④ 9 ÷ 6

⑤ 48 ÷ 9　⑥ 59 ÷ 7　⑦ 30 ÷ 7　⑧ 52 ÷ 6

⑨ 21 ÷ 8　⑩ 60 ÷ 9　⑪ 33 ÷ 7　⑫ 11 ÷ 3

1億より大きい数
まとめ

名前

① 下の数について，答えましょう。

872610000000000

(1) 次の数は何の位の数ですか。

① 8 （　　　　　　） 　　② 1 （　　　　　　　　）

(2) 一兆の位の数は，何ですか。 （　　　　）

② 次の数を数字で書きましょう。

① 七十八兆三千六百億

（　　　　　　　　　　　　　　　　　　　　）

② 1兆を72ことⅠ億を406こあわせた数

（　　　　　　　　　　　　　　　　　　　　）

③ 10億を520こ集めた数

（　　　　　　　　　　　　　　　　　　　　）

③ 数直線の⑦，⑦，⑦にあてはまる数を書きましょう。

⑦ [　　　　]　　　⑦ [　　　　]　　⑦ [　　　　]

9000億　　　1兆

④ 次の数を10倍，100倍した数と10でわった数，100でわった数を
書きましょう。

504億　　　　10倍した数　（　　　　　　　　　　　　）

　　　　　　100倍した数　（　　　　　　　　　　　　）

　　　　　　10でわった数（　　　　　　　　　　　　）

　　　　　　100でわった数（　　　　　　　　　　　　）

折れ線グラフ（1）

名前

● 北九州市の月別気温の変化を折れ線グラフで表しました。
下の問いに答えましょう。

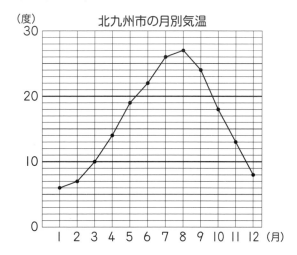

北九州市の月別気温

① 次の月の気温は，それぞれ何度ですか。

4月（　　　）度　　　7月（　　　）度　　　10月（　　　）度

② 気温がいちばん高いのは，何月で，何度ですか。

（　　　）月，（　　　）度

③ 気温がいちばん低いのは，何月で，何度ですか。

（　　　）月，（　　　）度

④ 気温の上がり方がいちばん大きいのは，何月から何月で，何度上がって
いますか。

（　　　）月から（　　　）月，（　　　）度

⑤ 気温の下がり方がいちばん大きいのは，何月から何月で，何度下がって
いますか。

（　　　）月から（　　　）月，（　　　）度

折れ線グラフ（2）

名
前

折れ線グラフ（3）

名
前

1　右の折れ線グラフを見て答えましょう。

① グラフのたてじくと横じくは，それぞれ何を表していますか。

たてじく　（　　　　　　　）

横じく　　（　　　　　　　）

② 気温の上がり方がいちばん大きいのは，何月から何月で，何度上がっていますか。

（　　　）月から（　　　）月

（　　　）度

③ 気温の下がり方がいちばん大きいのは，何月から何月で，何度下がっていますか。

（　　　）月から（　　　）月，（　　　）度

K市の月別気温

（度）

2　①〜⑤の折れ線グラフは，気温の変化を表しています。それぞれの変化に合う文を　　から選んで，（　）に記号を書きましょう。

① （　　） ② （　　） ③ （　　） ④ （　　） ⑤ （　　）

> ㋐　気温が大きく上がっている。　　㋑　気温が少し上がっている。
> ㋒　気温が変わらない。　　　　　㋓　気温が少し下がっている。
> ㋔　気温が大きく下がっている。

● 右の表は，校庭の１日の気温の変化を表したものです。折れ線グラフに表しましょう。

校庭の１日の気温

時こく（時）		気温（度）
午前	9	14
	10	22
	11	28
午後	0	32
	1	34
	2	26
	3	17

（　　）

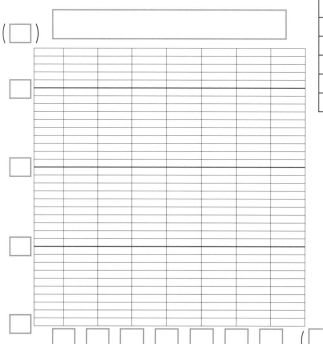

午前　　　　午後

ふく習

● 次の計算をして，たしかめの計算もしましょう。

① 14 ÷ 5　　　たしかめ（　　）×（　　）＋（　　）＝（　　）

② 19 ÷ 4　　　たしかめ（　　）×（　　）＋（　　）＝（　　）

③ 23 ÷ 8　　　たしかめ（　　）×（　　）＋（　　）＝（　　）

④ 31 ÷ 7　　　たしかめ（　　）×（　　）＋（　　）＝（　　）

　（ 122%に拡大してご使用ください ）

折れ線グラフ（4）
名前

● 下のグラフは，みさきさんの身長の変化を表したものです。
左側にかいたグラフを，右側の 〜 を使ったグラフにかき直しましょう。

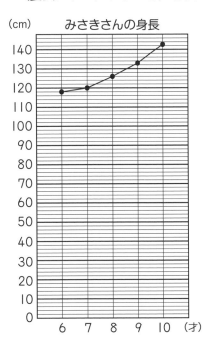

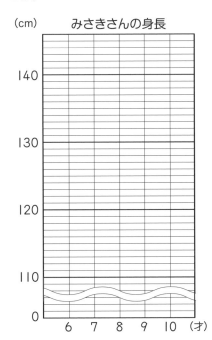

① 〜 は何を表していますか。

（　　　　　　　　　　　　　　　　　　　　　　　）

② 〜 があると，どんな良さがありますか。

（　　　　　　　　　　　　　　　　　　　　　　　）

ふく習

① 354 + 432　② 271 + 685　③ 259 + 346　④ 457 + 178

折れ線グラフ（5）
名前

● 右のグラフは，大阪とサンパウロの
1年間の気温の変化を折れ線グラフに
したものです。

（度）大阪とサンパウロの1年間の気温の変化

① 大阪とサンパウロで，いちばん
気温差があるのは，何月で，その
差は何度ですか。

（　　　）月，（　　　）度

② それぞれの都市で，いちばん
気温の高い月といちばん低い
月との差は何度ですか。

大　　阪　（　　　）度

サンパウロ　（　　　）度

③ 気温の変化が大きいのは，大阪とサンパウロのどちらですか。

（　　　　　　　　　　　　）

ふく習

① 527 + 885　② 498 + 706　③ 76 + 947　④ 589 + 9

● まさきさんは，574円のいちごケーキと529円のチョコレートケーキを
買いました。全部で何円になりましたか。

式

答え

（122%に拡大してご使用ください）

折れ線グラフ
まとめ

名前

整理のしかた（1）

名前

① 右の折れ線グラフを見て答えましょう。

（度）
S市の月別気温

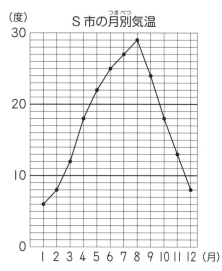

① たてじくと横じくは, 何を表していますか。

たてじく（　　　　）
横じく　（　　　　）

② 気温の上がり方がいちばん大きいのは, 何月から何月で, 何度上がっていますか。

（　　）月から（　　）月,（　　）度

③ 気温の下がり方がいちばん大きいのは, 何月から何月で, 何度下がっていますか。

（　　）月から（　　）月,（　　）度

② しゅんやさんの身長の変化を折れ線グラフに表しましょう。

しゅんやさんの身長

年れい（才）	身長（cm）
6	114
7	121
8	126
9	136
10	143

● 右の表は, A小学校の1週間のけが調べの記録です。

1週間のけが調べ

学年	場所	けがの種類	学年	場所	けがの種類
2	ろう下	すりきず	1	運動場	すりきず
5	体育館	打ぼく	6	体育館	打ぼく
6	教室	切りきず	3	運動場	切りきず
1	運動場	すりきず	5	体育館	打ぼく
1	運動場	切りきず	4	運動場	切りきず
4	体育館	打ぼく	1	教室	打ぼく
4	ろう下	打ぼく	1	ろう下	すりきず
3	運動場	すりきず	4	運動場	すりきず
4	ろう下	打ぼく	3	体育館	打ぼく
2	体育館	すりきず	2	体育館	すりきず

① けがをした場所とけがの種類の2つのことがらを1つの表にまとめてかきましょう。

けがをした場所とけがの種類（人）

場所＼けがの種類	切りきず	すりきず	打ぼく	合計
運動場				
体育館				
教室				
ろう下				
合計				

② 運動場では, どんなけがをした人がいちばん多いですか。

（　　　　　　　　　　）

ふく習

① 875 − 243　　② 629 − 356　　③ 731 − 284　　④ 550 − 353

整理のしかた（2）

名前

月　日

● 下の表は，ふみやさんの学校の１年間のけが調べの記録を，２つのことがらでまとめたものです。表を見て答えましょう。

けがをした場所とけがの種類（人）

場所＼けがの種類	切りきず	すりきず	打ぼく	ねんざ	合計
運動場	5	12	㋐	2	26
体育館	3	15	8	6	㋑
教室	5	6	2	0	13
ろう下	4	㋒	7	1	22
合計	17	43	24	9	㋓

① ㋐〜㋓にあてはまる数を書きましょう。

㋐（　　　）　㋑（　　　）　㋒（　　　）　㋓（　　　）

② どこで何のけがをした人が，いちばん多いですか。

場所（　　　　　）けがの種類（　　　　　）

③ ろう下で打ぼくのけがをした人は，何人いますか。

（　　　）人

ふく習

① 408 − 129　② 802 − 767　③ 500 − 197　④ 913 − 66

● 全部で206ページの本を読んでいます。148ページまで読みました。あと何ページで読み終わりますか。

式

答え

整理のしかた（3）

名前

月　日

● 下の表は，4年生で，犬やねこをかっているかどうかを調べた結果です。

犬やねこをかっている人調べ（人）

		犬		合計
		いる	いない	
ねこ	いる	3	㋐	10
	いない	㋑	15	24
合計		12	22	㋒

① ㋐〜㋒にあてはまる数を書きましょう。

㋐（　　　）　㋑（　　　）　㋒（　　　）

② ねこをかっている人は，全部で何人ですか。

（　　　）人

③ 犬をかっている人は，全部で何人ですか。

（　　　）人

④ 犬もねこもかっている人は，何人ですか。

（　　　）人

⑤ 表の15という数字は，何を表していますか。

（　　　　　　　　　　　　　）

⑥ 調べた人数は，全部で何人ですか。

（　　　）人

ふく習

① 265 − 79　② 306 − 88　③ 1364 − 757　④ 1008 − 349

11　（122%に拡大してご使用ください）

わり算の筆算 ① (1)

答えが何十，何百

名　前

① 60まいの半紙を3人で同じ数ずつ分けます。1人分は何まいになりますか。

式

答え _____

② 計算をしましょう。

① 80 ÷ 4 　　② 40 ÷ 2 　　③ 90 ÷ 3

④ 150 ÷ 5 　　⑤ 450 ÷ 9 　　⑥ 720 ÷ 8

③ 計算をしましょう。

① 600 ÷ 2 　　② 900 ÷ 3 　　③ 1800 ÷ 6

④ 3600 ÷ 9 　　⑤ 2000 ÷ 5 　　⑥ 3000 ÷ 6

ふく習

● 16このミニトマトを3人で同じ数ずつ分けます。1人分は何こになって，何こあまりますか。

式

答え _____

● 27このみかんを1人に4こずつ配ります。何人に配ることができて，何こあまりますか。

式

答え _____

わり算の筆算 ① (2)

2けた÷1けた＝2けた（あまりなし）

名　前

① 84 ÷ 3 の筆算をします。（　）にあてはまることばを下の ▭ から選んで書きましょう。（同じことばを何度使ってもよい。）

(1) 十の位の計算　8 ÷ 3 をします。
　① 十の位に2を（　　　　　）
　② 3と2を（　　　　　）と6
　③ 8から6を（　　　　　）と2

(2) 一の位の計算　4をおろし，24 ÷ 3 をします。
　① 一の位に8を（　　　　　）
　② 3と8を（　　　　　）と24
　③ 24から24を（　　　　　）と0
　商は28です。

┌─────────────────────┐
│ ひく ・ たてる ・ かける │
└─────────────────────┘

② 筆算でしましょう。

① 76 ÷ 4 　　② 80 ÷ 5 　　③ 72 ÷ 6 　　④ 64 ÷ 4

ふく習

● 3年生で学習したわり算も，筆算でしてみましょう。

① 24 ÷ 8 　　② 42 ÷ 7 　　③ 28 ÷ 4 　　④ 40 ÷ 8

わり算の筆算 ① (3)
2けた÷1けた＝2けた（あまりなし）　名前

① 60÷5　　② 84÷6　　③ 48÷3　　④ 95÷5

⑤ 96÷4　　⑥ 78÷3　　⑦ 91÷7　　⑧ 96÷8

⑨ 46÷2　　⑩ 48÷4　　⑪ 69÷3　　⑫ 84÷4

ふく習

● 校庭に子どもが 48 人います。
　1 列に 6 人ずつならぶと，何列できますか。

　　式

　　　　　　　　　　　　　答え ＿＿＿＿＿

わり算の筆算 ① (4)
2けた÷1けた＝2けた（あまりあり）　名前

① 55÷2　　② 63÷4　　③ 83÷3　　④ 87÷7

⑤ 95÷6　　⑥ 90÷4　　⑦ 70÷3　　⑧ 88÷6

⑨ 89÷4　　⑩ 95÷3　　⑪ 61÷2　　⑫ 52÷5

ふく習

● 荷物が 30 こあります。
　1 回に 4 こずつ運ぶと，何回で全部運べますか。

　　式

　　　　　　　　　　　　　答え ＿＿＿＿＿

わり算の筆算 ① (5)

答えのたしかめ／まちがいさがし／文章題

名
前

① 次の計算をして，答えのたしかめもしましょう。

① 62 ÷ 5

たしかめの式

② 82 ÷ 6

たしかめの式

② 次の計算はまちがっています。正しい答えを □ に書きましょう。

①
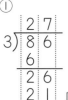

②

③ あめを 7 こ買うと 84 円でした。あめ 1 このねだんは，何円ですか。

式

答え _____

ふく習

① 42 × 31

② 34 × 23

③ 67 × 54

④ 46 × 85

わり算の筆算 ① (6)

3けた ÷ 1けた ＝ 3けた

名
前

① 924 ÷ 6

② 931 ÷ 7

③ 825 ÷ 3

④ 900 ÷ 4

⑤ 821 ÷ 5

⑥ 793 ÷ 3

⑦ 999 ÷ 8

⑧ 860 ÷ 3

ふく習

① 84 × 82

② 94 × 66

③ 58 × 62

④ 79 × 47

① 763 ÷ 7　② 423 ÷ 4　③ 625 ÷ 3　④ 817 ÷ 2

⑤ 753 ÷ 5　⑥ 810 ÷ 3　⑦ 963 ÷ 6　⑧ 600 ÷ 4

ふく習

① 324 × 215　② 231 × 423　③ 467 × 152　④ 529 × 523

① 384cm のリボンを 4 人で同じ長さずつに分けます。
1人分は何 cm になりますか。

式

答え＿＿＿＿＿＿＿＿

② 筆算でしましょう。

① 192 ÷ 3　② 256 ÷ 8　③ 493 ÷ 5　④ 500 ÷ 6

⑤ 365 ÷ 6　⑥ 284 ÷ 7　⑦ 627 ÷ 7　⑧ 375 ÷ 9

ふく習

① 467 × 853　② 738 × 946　③ 407 × 527　④ 628 × 703

わり算の筆算 ① (9)　名前

① 98 ÷ 7　　② 83 ÷ 4　　③ 932 ÷ 2　　④ 751 ÷ 3

⑤ 941 ÷ 4　　⑥ 198 ÷ 4　　⑦ 906 ÷ 3　　⑧ 928 ÷ 7

⑨ 729 ÷ 7　　⑩ 672 ÷ 8　　⑪ 721 ÷ 6　　⑫ 490 ÷ 5

⑬ 72 ÷ 3　　⑭ 324 ÷ 8　　⑮ 480 ÷ 6　　⑯ 329 ÷ 3

 わり算の筆算 ①
まとめ ①　名前

1 次の計算をして, 答えのたしかめもしましょう。

① 93 ÷ 4　　　　　　　② 755 ÷ 3

たしかめの式　　　　　　たしかめの式

2 おり紙が 124 まいあります。5 人で同じまい数ずつ分けると, 1 人分は何まいになって, 何まいあまりますか。

式

答え

3 子どもが 294 人います。長いす 1 きゃくに 4 人ずつすわります。全員がすわるには, 長いすは何きゃく必要ですか。

式

答え

4 次の計算で, 商が十の位からたつのは, □ の中がどんな数のときですか。あてはまる数を書きましょう。

① 3)□29　　□ , □

② □)775　　□ , □

わり算の筆算 ①
まとめ ②

名前

① 370cm のリボンがあります。

① 8cm ずつに切ります。8cm のリボンは何本できて，何 cm あまりますか。

式

答え _____

② 5人で等しく分けます。1人分は何 cm になりますか。

式

答え _____

② えんぴつを6本買うと828円でした。えんぴつ1本のねだんは何円ですか。

式

答え _____

③ 次の筆算で，まちがいがあれば，正しい筆算をしましょう。
まちがいがなければ，□ に○をつけましょう。

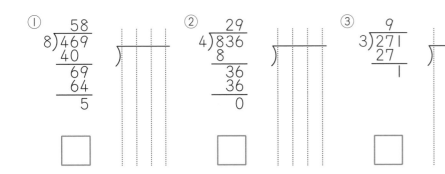

①
```
    58
8)469
  40
  69
  64
   5
```
□

②
```
    29
4)836
  8
  36
  36
   0
```
□

③
```
    9
3)271
  27
   1
```
□

角の大きさ（1）

名前

● 直線を回転させて，いろいろな大きさの角をつくります。
（ ）にあてはまることばや数を □ から選んで書きましょう。

① ⑦の角の大きさは，（ 　　　 ）です。
また，（ 　　　)°です。

② 直角を 90 等分した 1 こ分の角の大きさが，
（ 　　　)°です。

③ 半回転した①の角の大きさは，（ 　　　 ）です。
また，（ 　　　)°です。

④ 1回転した⑦の角の大きさは，（ 　　　 ）です。
また，（ 　　　)°です。

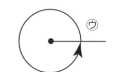

1直角　2直角　3直角　4直角　1　90　180　360

ふく習

● 三角じょうぎについて，記号で答えましょう。

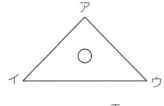

① 直角はどれと
どれですか。

□ □

② イと同じ大きさの角は
どれですか。

□

③ ア，イ，オ，カを角度の大きい順に
ならべましょう。

□ ➡ □ ➡ □ ➡ □

角の大きさ (2)

名
前

1　角度をはかります。分度器のめもりをよみましょう。

①
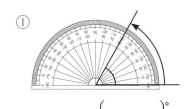
(　　　)°

②
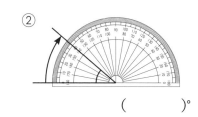
(　　　)°

2　分度器を使って，角度をはかりましょう。

①
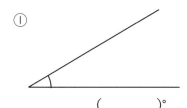
(　　　)°

②

(　　　)°

③
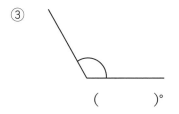
(　　　)°

④
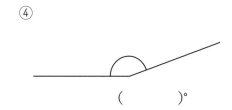
(　　　)°

ふく習

① 43 × 56　② 64 × 25　③ 57 × 48　④ 93 × 87

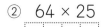

角の大きさ (3)

名
前

●　分度器を使って，角度をはかりましょう。

①
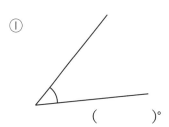
(　　　)°

②
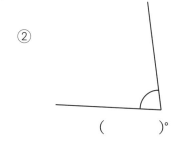
(　　　)°

③
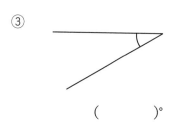
(　　　)°

④
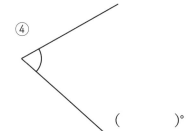
(　　　)°

⑤
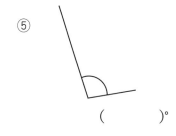
(　　　)°

⑥
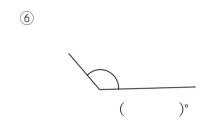
(　　　)°

ふく習

① 68 × 45　② 39 × 57　③ 86 × 97　④ 78 × 87

角の大きさ（4）

名前

月　日

1　右の⑦の角度を
　くふうしてはかりましょう。

【考え方１】

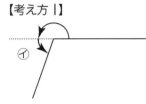

180°に①の角度をあわせる。

180 ＋（　　）＝（　　）

　　　　　　（　　）°

【考え方２】

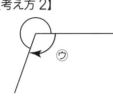

360°から⑦の角度をひく。

360 －（　　）＝（　　）

　　　　　　（　　）°

2　くふうして角度をはかりましょう。

①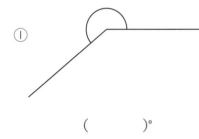

（　　）°

②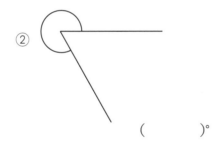

（　　）°

ふく習

①452 × 623　②743 × 235　③647 × 453　④837 × 594

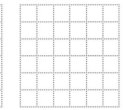

角の大きさ（5）

名前

月　日

1　⑦，①の角度を計算で求めましょう。

①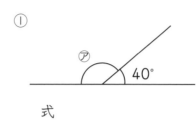

式

（　　）°

②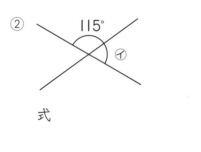

式

（　　）°

2　１組の三角じょうぎを組み合わせてできる，⑰〜⑲の角度は何度ですか。

①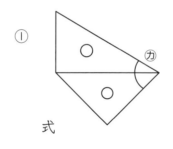

式

（　　）°

②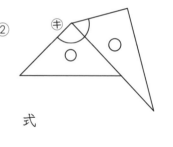

式

（　　）°

③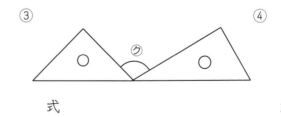

式

（　　）°

④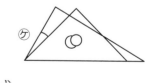

式

（　　）°

角の大きさ（6）

名
前

月　日

● •を中心として，矢印の方向に角をかきましょう。

① 45°

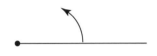

② 110°

③ 60°

④ 140°

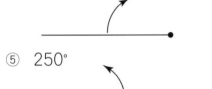

⑤ 250°

⑥ 300°

ふく習

① 764 × 789　② 877 × 748　③ 706 × 483　④ 965 × 604

 角の大きさ（7）

名
前

月　日

● 次のような三角形をかきましょう。

①

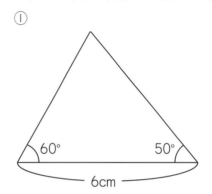

60°　50°
6cm

②

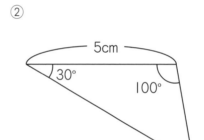

5cm
30°
100°

③

45°　70°
7cm

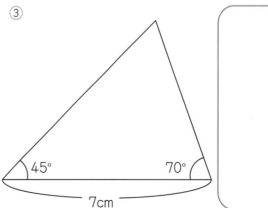

20　（122%に拡大してご使用ください）

1 分度器を使って，角度をはかりましょう。

① （　　　）°

② （　　　）°

③ （　　　）°

④ （　　　）°

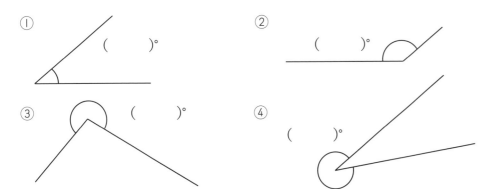

2 ●を中心として，矢印の方向に角をかきましょう。

① 30°

② 120°

③ 220°

④ 320°

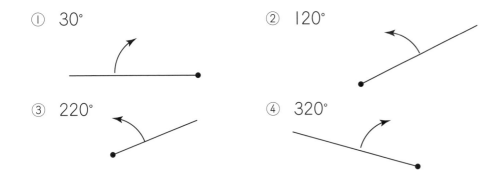

3 ⑦，①の角度を計算で求めましょう。

① 40°

式

答え ＿＿＿＿＿

② 55°

式

答え ＿＿＿＿＿

1 １組の三角じょうぎを組み合わせてできる，⑦〜①の角度を求めましょう。

① 式

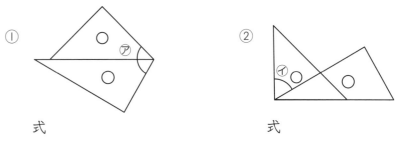

答え ＿＿＿＿＿

② 式

答え ＿＿＿＿＿

③ 式

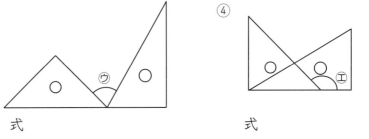

答え ＿＿＿＿＿

④ 式

答え ＿＿＿＿＿

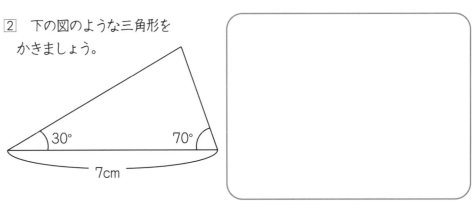

2 下の図のような三角形を
かきましょう。

30°　70°

7cm

小数 (1)

名前

1　水のかさを L を単位として, 小数で表しましょう。

①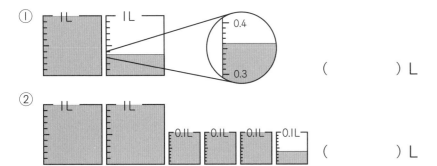

（　　　　　）L

②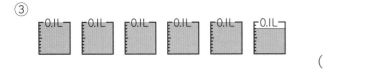

（　　　　　）L

③

（　　　　　）L

2　次の（　）にあてはまる数を書きましょう。

①　0.06L は, 0.01L を（　　　　　）こ集めたかさです。

②　0.1L は, 0.01L を（　　　　　）こ集めたかさです。

③　4.35L は, 4.3L と（　　　　　）L をあわせたかさです。

④　1.98L は, 1L と（　　　　　）L をあわせたかさです。

ふく習 ....

● 次の（　）にあてはまる数を書きましょう。

①　7.2 は, 1 を（　　　　　）こ, 0.1 を（　　　　　）こあわせた数です。

②　0.8 は, 0.1 を（　　　　　）こ集めた数です。

③　4.6 は, 0.1 を（　　　　　）こ集めた数です。

④　0.1 を 54 こ集めた数は（　　　　　）です。

小数 (2)

名前

1　2.374 という数について考えましょう。

①　3 は, 何が何こあることを表していますか。

（　0.1　）が（　　　）こ

②　7 は, 何が何こあることを表していますか。

（　0.01　）が（　　　）こ

③　4 は, 何が何こあることを表していますか。

（　　　　　）が（　　　）こ

2　次の（　）にあてはまる数を書きましょう。

①　0.001m の 3 こ分は（　　　　　）m です。

②　0.001m の 9 こ分は（　　　　　）m です。

③　0.008m は 0.001m を（　　　　　）こ集めた長さです。

④　0.01m は 0.001m を（　　　　　）こ集めた長さです。

ふく習 ....

● 下の数直線の①～④のめもりが表す小数を書きましょう。

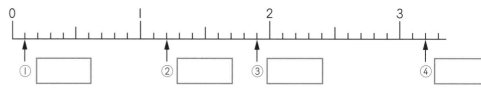

● （　）にあてはまる数を書きましょう。

①　3L6dL =（　　　　　）L　②　4cm8mm =（　　　　　）cm

③　1.8L =（　　）L（　　）dL　④　0.6cm =（　　　　　）mm

 **小数（3）**

名前

① 下の数直線の⑦～⑦のめもりが表す長さは，何mですか。

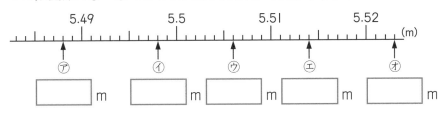

⑦	⑦	⑦	⑦	⑦
m	m	m	m	m

② 次の長さを小数を使って，km単位で表しましょう。

① 2km471m ＝ （　　　　） km　② 4km680m ＝ （　　　　） km

③ 5km90m ＝ （　　　　） km　④ 925m ＝ （　　　　） km

⑤ 400m ＝ （　　　　） km　⑥ 65m ＝ （　　　　） km

③ 次の重さを小数を使って，kg単位で表しましょう。

① 3kg750g ＝ （　　　　） kg　② 1kg400g ＝ （　　　　） kg

③ 2kg80g ＝ （　　　　） kg　④ 720g ＝ （　　　　） kg

⑤ 95g ＝ （　　　　） kg　⑥ 5g ＝ （　　　　） kg

ふく習

① 3.6 ＋ 4.7　② 2.8 ＋ 5.2　③ 4.3 ＋ 5　④ 9.2 ＋ 0.8

● 1.8dL のコーヒーと 0.5dL のミルクをあわせると，何dL になりますか。

式

答え

 小数（4）

名前

① 1, 0.1, 0.01, 0.001 の関係について，□にあてはまる数を書きましょう。

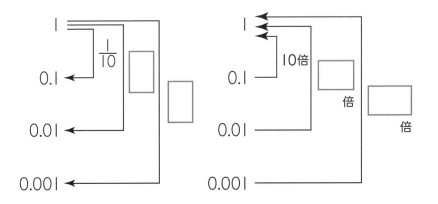

② 2.748 という数について，（　）にあてはまる数を書きましょう。

① 2.748 の $\frac{1}{1000}$ の位の数は，（　　　　）です。

② 2.748 の $\frac{1}{100}$ の位の 4 は，（　　　　）が 4 こあることを表しています。

③ 2.748 は，2.74 と（　　　　）をあわせた数です。

ふく習

① 7.1 － 2.5　② 5.5 － 3.5　③ 3 － 1.7　④ 3.8 － 3

● リボンが 3.5m ありました。2.6m 使いました。残りは何m ですか。

式

答え

小数 (5)

名前

月　日

① 次の数は，0.01を何こ集めた数ですか。

① 0.06　　（　　　　）こ　　② 0.17　　（　　　　）こ
③ 1.42　　（　　　　）こ　　④ 3.09　　（　　　　）こ
⑤ 1.5　　 （　　　　）こ　　⑥ 2　　　 （　　　　）こ

② 次の数を書きましょう。

① 0.01を24こ集めた数　　　（　　　　　　）
② 0.01を380こ集めた数　　 （　　　　　　）
③ 0.01を700こ集めた数　　 （　　　　　　）

③ 次の数は，0.001を何こ集めた数ですか。

① 0.003　　（　　　　）こ　　② 0.135　　（　　　　）こ
③ 2.487　　（　　　　）こ　　④ 3.57　　 （　　　　）こ
⑤ 6.1　　　（　　　　）こ　　⑥ 2　　　　（　　　　）こ

④ 次の数を書きましょう。

① 0.001を94こ集めた数　　　（　　　　　　）
② 0.001を347こ集めた数　　 （　　　　　　）
③ 0.001を1200こ集めた数　 （　　　　　　）

ふく習

① 72 ÷ 4　　② 84 ÷ 3　　③ 65 ÷ 6　　④ 83 ÷ 4

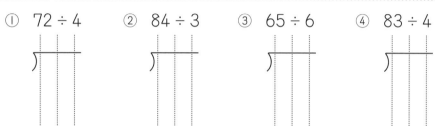

小数 (6)

名前

月　日

① 下の数直線の⑦～⊐のめもりが表す小数を書きましょう。

①
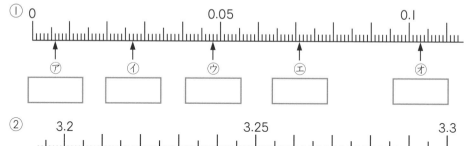

②
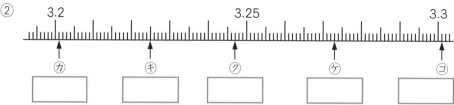

② 次の数を数直線に↑で表して，小さい順に □ に数を書きましょう。

① | 0.04 | 0.004 | 0.054 | 0.014 |

② | 1.77 | 1.707 | 1.697 | 1.727 |

小数（7）

名前

1 次の数を 10 倍，100 倍した数を書きましょう。

	10倍	100倍
① 3.972	（　　　）	（　　　）
② 0.86	（　　　）	（　　　）
③ 1.5	（　　　）	（　　　）
④ 2.04	（　　　）	（　　　）

2 次の数を $\frac{1}{10}$，$\frac{1}{100}$ にした数を書きましょう。

	$\frac{1}{10}$	$\frac{1}{100}$
① 2.674	（　　　）	（　　　）
② 0.89	（　　　）	（　　　）
③ 5	（　　　）	（　　　）
④ 30.2	（　　　）	（　　　）

ふく習

① 92 ÷ 4　　② 57 ÷ 3　　③ 91 ÷ 4　　④ 95 ÷ 6

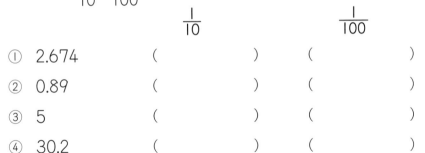

● 68 このあめを，4 人で同じ数ずつ分けます。1 人分は何こになりますか。

式

答え＿＿＿＿＿＿＿

小数（8）

名前

● 次の数について，（　）にあてはまる数を書きましょう。

(1) 8.092

① 8.092 は，1 を（　　）こ，0.1 を（　　）こ，0.01 を（　　）こ，0.001 を（　　）こあわせた数です。

② 8.092 は，0.001 を（　　　　　）こ集めた数です。

③ 8.092 を 100 倍した数は，（　　　　　）です。

④ 8.092 を $\frac{1}{100}$ にした数は，（　　　　　）です。

(2) 0.798

① 0.798 は，0.001 を（　　　　　）こ集めた数です。

② 0.798 を 100 倍した数は，（　　　　　）です。

③ 0.798 を $\frac{1}{100}$ にした数は，（　　　　　）です。

④ 0.798 は，0.8 よりも（　　　　　）小さい数です。

ふく習

① 73 ÷ 2　　② 93 ÷ 7　　③ 70 ÷ 3　　④ 80 ÷ 6

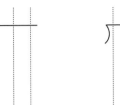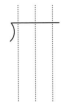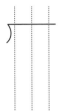

● 86 このびわを，6 こずつ箱に入れます。6 こ入りの箱は何箱できますか。

式

答え＿＿＿＿＿＿＿

　（122％に拡大してご使用ください）

１　お茶が水とうに 1.04L，やかんに 2.18L 入っています。
あわせると何 L になりますか。

式

答え _____

２　筆算でしましょう。

① 2.36 + 4.32　　　② 5.28 + 3.17　　　③ 1.69 + 0.46

④ 2.175 + 3.936　　⑤ 0.257 + 0.346　　⑥ 9.643 + 0.521

ふく習

①　486 ÷ 2　　②　472 ÷ 4　　③　798 ÷ 5　　④　806 ÷ 2

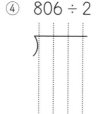

● 同じドーナツを 4 こ買うと，480 円でした。ドーナツ 1 このねだんは，
何円ですか。

式

答え _____

１　遠足に行きます。まず，2.47km 歩いて，
ひと休みしたあと，1.8km 歩きます。
全部で何 km 歩きますか。

式

答え _____

２　筆算でしましょう。

① 6.4 + 2.79　　　② 0.95 + 8.4　　　③ 7 + 4.06

④ 12.43 + 8　　　⑤ 10 + 8.74　　　⑥ 6.94 + 0.6

⑦ 2.73 + 4.77　　⑧ 5.36 + 2.34　　⑨ 9.15 + 0.85

⑩ 5.01 + 4.49　　⑪ 5.5 + 4.57　　　⑫ 8.83 + 1.17

小数（11）
小数のたし算
名前

小数（12）
小数のひき算
名前

---

① バケツに水が 3.18L 入っています。そこへ，水を 2.4L 入れました。水は何 L になりましたか。

式

答え _____

---

① ペットボトルに，水が 1.25L 入っています。0.32L 飲むと，水は何 L 残りますか。

式

答え _____

---

② 筆算でしましょう。

① 3.28 + 2.75　　② 0.78 + 5.6　　③ 0.28 + 9.72

④ 7.27 + 4　　⑤ 9.3 + 1.84　　⑥ 2.31 + 0.69

---

② 筆算でしましょう。

① 5.94 − 2.73　　② 5.91 − 2.23　　③ 2.13 − 0.05

④ 4.584 − 2.695　　⑤ 8.02 − 1.94　　⑥ 1.243 − 0.756

ふく習

① 744 ÷ 3　　② 678 ÷ 6　　③ 866 ÷ 5　　④ 698 ÷ 4

● 475 人が 3 人ずつ長いすにすわっています。全員がすわるには，この長いすは，何きゃくあればよいですか。

式

答え _____

ふく習

① 372 ÷ 6　　② 688 ÷ 8　　③ 579 ÷ 7　　④ 793 ÷ 9

● はばが 178cm の本だなに，あつさが 5cm の辞書を立ててならべます。何さつならべることができますか。

式

答え _____

小数（13）
小数のひき算

名
前

① りょうたさんは，2.5kg くりを拾いました。弟は，1.76kg 拾いました。りょうたさんは，弟より何 kg 多く拾いましたか。

式

答え

② 筆算でしましょう。

① 5.27 − 4.59

② 20.34 − 4.26

③ 1.527 − 0.694

④ 5.54 − 3.74

⑤ 1.66 − 0.96

⑥ 4.59 − 1.9

⑦ 2.04 − 1.3

⑧ 4.923 − 4.8

⑨ 4.2 − 1.57

⑩ 12.5 − 1.94

⑪ 5 − 0.55

⑫ 1 − 0.023

小数（14）
小数のひき算

名
前

① みさきさんは，走りはばとびで，ちょうど 3m とびました。はるかさんはの記録は，みさきさんより 0.28m 短かったです。はるかさんがとんだのは，何 m ですか。

式

答え

② 筆算でしましょう。

① 1.049 − 0.259

② 5.68 − 5.6

③ 4.3 − 1.27

④ 10 − 1.03

⑤ 3.06 − 2.1

⑥ 5 − 4.55

ふく習

① 8456 ÷ 7

② 5911 ÷ 3

③ 3700 ÷ 4

④ 5000 ÷ 8

小数 まとめ①

□1 次のかさは何 L ですか。

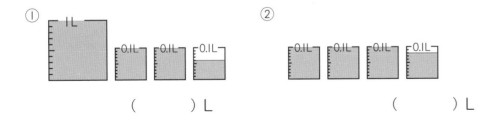

①　（　　　）L　　　②　（　　　）L

□2 次の（　）にあてはまる数を書きましょう。

① 7.258は，1を（　）こ，0.1を（　）こ，0.01を（　）こ，

0.001を（　）こあわせた数です。

② 7.258は，0.001を（　　　　　）こ集めた数です。

③ 0.01を35こ集めた数は，（　　　　）です。

④ 0.01を240こ集めた数は，（　　　　）です。

⑤ 6.3は，0.01を（　　　　）こ集めた数です。

□3 次の重さを，kg単位で表しましょう。

① 1kg600g ＝（　　　　）kg

② 320g ＝（　　　　）kg

□4 数直線の⑦〜㋑のめもりが表す小数を書きましょう。

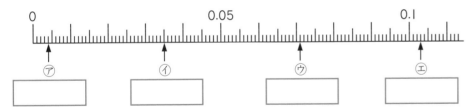

小数 まとめ②

□1 （　）にあてはまる数を書きましょう。

① 0.27を10倍した数は，（　　　　）です。

② 3.02を100倍した数は，（　　　　）です。

③ 4.3を$\frac{1}{10}$にした数は，（　　　　）です。

④ 6を$\frac{1}{100}$にした数は，（　　　　）です。

□2 たくみさんのロープは，4.2mです。弟のロープは，3.85mです。

① 2人のロープをあわせると，何mになりますか。

式

答え＿＿＿＿＿＿＿＿

② 2人のロープの長さのちがいは，何mですか。

式

答え＿＿＿＿＿＿＿＿

□3 筆算でしましょう。

① 3.75 + 4.96 　② 9.24 + 0.86 　③ 0.3 + 0.85

④ 5.02 − 4.23 　⑤ 4.7 − 1.89 　⑥ 6 − 0.78

わり算の筆算 ②（1）

何十でわるわり算

名前

① 40 円で 20 円のあめを買います。何こ買えますか。

式

答え _____

② 計算をしましょう。

① 60 ÷ 30　　② 80 ÷ 20　　③ 90 ÷ 90

③ 70 円で 20 円のあめを買います。何こ買えて, 何円あまりますか。

式

答え _____

④ 計算をしましょう。

① 90 ÷ 40　　② 80 ÷ 30　　③ 60 ÷ 50

ふく習

① 4.56 + 2.41　② 3.78 + 2.82　③ 0.73 + 4.28　④ 4.86 + 2.5

● 小学校にある鉄ぼうの高さは, 1.25m です。高鉄ぼうの高さは, 小学校にある鉄棒より 0.48m 高いです。高鉄ぼうの高さは, 何 m ですか。

式

答え _____

わり算の筆算 ②（2）

2 けた ÷ 2 けた ＝ 1 けた（修正なし）

名前

① 86 ÷ 21 の筆算をします。（　）にあてはまることばや数を下の □ から選んで書きましょう。（同じことばや数を何度使ってもよい。）

① （　　　　）の位に商をたてる。

86 ÷ 21 を（　　　　　）と考えて,

（　　　　）をたてる。

② 21 と（　　　）を（　　　）。

③ 86 から（　　　）をひく。

④ 答えは,（　　　）あまり（　　　）となる。

| 一 | 十 | 100÷20 | 80÷20 | 84 | 21 | 4 | 2 | たす | かける |

② 筆算でしましょう。

① 64 ÷ 32　　② 69 ÷ 23　　③ 89 ÷ 22　　④ 69 ÷ 34

ふく習

① 0.78 + 0.31　② 8.5 + 0.63　③ 5 + 6.24　④ 2.76 + 4.24

● やかんに水が, 3.7L 入っています。水を 0.35L 加えると, 何 L になりますか。

式

答え _____

わり算の筆算 ② （3）
2けた÷2けた＝1けた（修正なし）　前

名

① 93 ÷ 31　② 99 ÷ 33　③ 84 ÷ 21　④ 55 ÷ 11

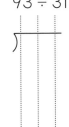 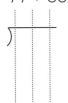  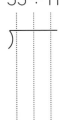

⑤ 68 ÷ 22　⑥ 69 ÷ 32　⑦ 86 ÷ 41　⑧ 86 ÷ 32

 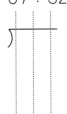  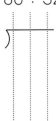

⑨ 79 ÷ 24　⑩ 94 ÷ 47　⑪ 75 ÷ 25　⑫ 74 ÷ 35

 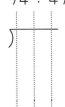 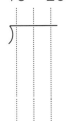 

ふく習

① 7.56 − 2.31　② 6.03 − 2.74　③ 9.12 − 3.6　④ 5.43 − 5

わり算の筆算 ② （4）
2けた÷2けた＝1けた（修正なし）　前

名

● 次の計算をして，答えのたしかめもしましょう。

① 75 ÷ 34　② 89 ÷ 21　③ 37 ÷ 12

 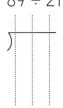 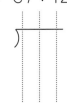

(例) たしかめ

| 34 × 2 + 7 = 75 |

たしかめ

たしかめ

④ 98 ÷ 24　⑤ 55 ÷ 22　⑥ 83 ÷ 20

 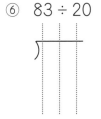

たしかめ　　たしかめ　　たしかめ

ふく習

① 4.7 − 1.58　② 9.1 − 2.66　③ 4 − 0.93　④ 2 − 1.55

● リボンが 6m ありました。かざりに使ったので，残りが 0.45m になりました。かざりに何 m 使いましたか。

式

答え

わり算の筆算 ② (5)
2けた÷2けた＝1けた（修正あり）　前

① 82 ÷ 21　② 93 ÷ 39　③ 58 ÷ 13　④ 61 ÷ 32

⑤ 47 ÷ 14　⑥ 81 ÷ 43　⑦ 84 ÷ 27　⑧ 63 ÷ 27

⑨ 96 ÷ 12　⑩ 58 ÷ 14　⑪ 93 ÷ 27　⑫ 94 ÷ 39

ふく習

① $\frac{2}{5} + \frac{1}{5}$　② $\frac{2}{6} + \frac{3}{6}$

③ $\frac{4}{7} + \frac{3}{7}$　④ $\frac{5}{8} + \frac{2}{8}$

わり算の筆算 ② (6)
2けた÷2けた＝1けた（修正あり）　前

① 64 ÷ 16　② 54 ÷ 14　③ 43 ÷ 15　④ 95 ÷ 13

⑤ 73 ÷ 17　⑥ 73 ÷ 16　⑦ 78 ÷ 19　⑧ 62 ÷ 18

⑨ 81 ÷ 19　⑩ 91 ÷ 17　⑪ 93 ÷ 18　⑫ 91 ÷ 19

ふく習

① $\frac{4}{9} + \frac{3}{9}$　② $\frac{1}{5} + \frac{3}{5}$

③ $\frac{2}{5} + \frac{3}{5}$　④ $\frac{7}{12} + \frac{5}{12}$

わり算の筆算 ② (7)
2 けた÷2 けた＝1 けた　　名前

① 88 このりんごを 22 このかごに，同じ数ずつ入れます。
　1 かごに何こずつ入れるといいですか。

　　式

　　　　　　　　　　　　　　答え _____

② 筆算でしましょう。

①　35 ÷ 24　　②　70 ÷ 15　　③　93 ÷ 25　　④　89 ÷ 42

⑤　86 ÷ 27　　⑥　91 ÷ 13　　⑦　86 ÷ 26　　⑧　84 ÷ 38

⑨　85 ÷ 27　　⑩　99 ÷ 19　　⑪　72 ÷ 16　　⑫　96 ÷ 24

ふく習

①　$\dfrac{5}{7} - \dfrac{3}{7}$　　　　②　$\dfrac{4}{5} - \dfrac{2}{5}$

③　$1 - \dfrac{3}{4}$　　　　　　④　$\dfrac{2}{3} - \dfrac{1}{3}$

 わり算の筆算 ② (8)
3 けた÷2 けた＝1 けた　　名前

①　184 ÷ 46　　②　159 ÷ 22　　③　228 ÷ 72　　④　305 ÷ 61

⑤　240 ÷ 34　　⑥　290 ÷ 45　　⑦　220 ÷ 48　　⑧　350 ÷ 53

⑨　126 ÷ 14　　⑩　149 ÷ 18　　⑪　258 ÷ 28　　⑫　315 ÷ 39

ふく習

①　$\dfrac{7}{8} - \dfrac{3}{8}$　　　　②　$\dfrac{6}{9} - \dfrac{4}{9}$

③　$1 - \dfrac{1}{3}$　　　　　　④　$1 - \dfrac{3}{5}$

● ジュースが 1L あります。$\dfrac{3}{8}$ L 飲むと，残りは何 L になりますか。

　　式

　　　　　　　　　　　　　　答え _____

わり算の筆算 ② (9)
3けた÷2けた＝2けた　名前

① 735 ÷ 21　② 483 ÷ 23　③ 845 ÷ 32　④ 990 ÷ 43

⑤ 809 ÷ 53　⑥ 683 ÷ 27　⑦ 837 ÷ 38　⑧ 904 ÷ 26

⑨ 347 ÷ 15　⑩ 350 ÷ 14　⑪ 432 ÷ 18　⑫ 628 ÷ 24

ふく習

① 241 × 243　② 643 × 214　③ 475 × 263　④ 593 × 362

わり算の筆算 ② (10)
3けた÷2けた＝2けた　名前

① 904 ÷ 18　② 720 ÷ 24　③ 965 ÷ 24　④ 755 ÷ 25

⑤ 874 ÷ 28　⑥ 550 ÷ 17　⑦ 980 ÷ 34　⑧ 692 ÷ 18

⑨ 931 ÷ 24　⑩ 777 ÷ 17　⑪ 696 ÷ 24　⑫ 805 ÷ 15

ふく習

① 824 × 736　② 864 × 768　③ 405 × 678　④ 467 × 603

わり算の筆算 ②（11）

名前

月　日

① 筆算でしましょう。

① 678 ÷ 27　② 270 ÷ 28　③ 409 ÷ 16　④ 729 ÷ 36

⑤ 169 ÷ 13　⑥ 528 ÷ 15　⑦ 629 ÷ 21　⑧ 986 ÷ 34

⑨ 942 ÷ 314　⑩ 1598 ÷ 312　⑪ 5500 ÷ 125　⑫ 7344 ÷ 216

② 次の筆算でまちがいがあれば、正しく計算しましょう。

① 13)76　5　65　11

② 15)89　6　90　1

③ 32)802　24　64　162　128　34

わり算の筆算 ②（12）

名前

① わり算のせいしつを使って、次の計算をしましょう。

① 90 ÷ 30　② 120 ÷ 30　③ 800 ÷ 200

④ 1200 ÷ 300　⑤ 4000 ÷ 800　⑥ 5400 ÷ 600

② くふうして筆算しましょう。また、あまりも求めましょう。

① 1700 ÷ 500　② 2500 ÷ 300　③ 6000 ÷ 900

③ 商が1けたになるのは、□がどんな数のときですか。あてはまる数を書きましょう。

① 6□)678　② 32)3□4

④ 9mのリボンから32cmのリボンは何本とれて、何cmあまりますか。

式

答え

35　（122%に拡大してご使用ください）

わり算の筆算 ②
まとめ ①

名前

1　筆算でしましょう。

① 56 ÷ 14　② 65 ÷ 28　③ 146 ÷ 17　④ 186 ÷ 12

⑤ 368 ÷ 24　⑥ 205 ÷ 24　⑦ 732 ÷ 36　⑧ 1570 ÷ 314

2　1こ85円のおかしを何こか買うと，代金が680円でした。
おかしを何こ買いましたか。

式

答え＿＿＿＿＿＿＿＿＿

3　くりが372こあります。18人で同じ数ずつ分けます。
1人分は何こになって，何こあまりますか。

式

答え＿＿＿＿＿＿＿＿＿

4　320 ÷ 16 と同じ答えになる式を㋐〜㋓から選んで，□に記号を
書きましょう。

㋐ 32000 ÷ 160　㋑ 3200 ÷ 160
㋒ 320000 ÷ 16000　㋓ 3200 ÷ 1600

□ , □

わり算の筆算 ②
まとめ ②

名前

1　筆算でしましょう。

① 529 ÷ 23　② 84 ÷ 14　③ 396 ÷ 13　④ 318 ÷ 38

⑤ 102 ÷ 19　⑥ 704 ÷ 28　⑦ 466 ÷ 18　⑧ 7319 ÷ 215

2　次の筆算でまちがいがあれば，正しく計算しましょう。
まちがいがなければ，□に○をつけましょう。

①
```
      3
27)816
    81
     6
```
□

②
```
     27
19)528
    38
   148
   133
    15
```
□

③
```
     47
15)720
    60
   120
   105
    15
```
□

3　商が2けたになるのは，□がどんな数のときですか。
あてはまる数を書きましょう。

① 27)2□4　② 3□)327

□ , □ , □　□ , □ , □

倍の見方（1）

名
前

1　緑のテープの長さは，4m です。赤のテープの長さは，12m です。
　　赤のテープの長さは，緑のテープの長さの何倍ですか。

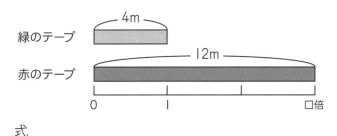

　式

　　　　　　　　　　　　　　答え＿＿＿＿＿＿＿＿＿＿

2　はるかさんは，どんぐりを 24 こ拾いました。たいちさんは，
　　6 こ拾いました。はるかさんは，たいちさんの何倍拾いましたか。

　式

　　　　　　　　　　　　　　答え＿＿＿＿＿＿＿＿＿＿

3　子犬の体重は，4kg です。親犬の体重は，20kg です。
　　親犬の体重は，子犬の体重の何倍ですか。

　式

　　　　　　　　　　　　　　答え＿＿＿＿＿＿＿＿＿＿

ふく習

① $\frac{3}{7} + \frac{2}{7}$

② $\frac{5}{8} + \frac{3}{8}$

③ $\frac{4}{9} + \frac{4}{9}$

④ $\frac{1}{5} + \frac{4}{5}$

倍の見方（2）

名
前

1　白のリボンの長さは，150cm です。
　　ピンクのリボンの長さは，白のリボンの長さの 3 倍です。
　　ピンクのリボンの長さは何 cm ですか。

　　式

　　　　　　　　　　　　　　答え＿＿＿＿＿＿＿＿＿＿

2　シュークリームのねだんは，160 円です。
　　ケーキのねだんは，シュークリームのねだんの 3 倍です。
　　ケーキのねだんは何円ですか。

　　式

　　　　　　　　　　　　　　答え＿＿＿＿＿＿＿＿＿＿

3　コップに入っている水は，2dL です。
　　ペットボトルには，コップの 8 倍の水が入っています。
　　ペットボトルに入っている水のかさは何 dL ですか。

　　式

　　　　　　　　　　　　　　答え＿＿＿＿＿＿＿＿＿＿

ふく習

① $\frac{1}{3} + \frac{1}{3}$

② $\frac{6}{8} + \frac{1}{8}$

③ $\frac{1}{6} + \frac{5}{6}$

④ $\frac{5}{9} + \frac{4}{9}$

倍の見方（3）

名前

① お父さんの体重は，弟の体重の 3 倍で，69kg です。
弟の体重は何 kg ですか。

（弟の体重）× 3 ＝ 69

式

答え＿＿＿＿＿＿＿

② スイカのねだんは，りんごのねだんの 5 倍で，800 円です。
りんごのねだんは何円ですか。

（りんごのねだん）× 5 ＝ 800

式

答え＿＿＿＿＿＿＿

③ 青のテープの長さは，白のテープの長さの 4 倍で，280cm です。
白のテープの長さは何 cm ですか。

（白のテープの長さ）× 4 ＝ 280

式

答え＿＿＿＿＿＿＿

ふく習 ....

① $\dfrac{7}{9} - \dfrac{5}{9}$　　　　② $\dfrac{5}{7} - \dfrac{1}{7}$

③ $\dfrac{3}{4} - \dfrac{2}{4}$　　　　④ $\dfrac{11}{12} - \dfrac{9}{12}$

倍の見方（4）

名前

① A のひまわりの高さは，8cm から 24cm になりました。
B のひまわりの高さは，16cm から 32cm になりました。
どちらのひまわりの方がよくのびたといえますか。
もとの高さの何倍になったかでくらべましょう。

　　　A のひまわり　　8cm → 24cm
　　　B のひまわり　　16cm → 32cm

式

答え＿＿＿＿＿＿＿

② A の子犬は，4kg だった体重が 8kg にふえました。
B の子犬は，3kg だった体重が 9kg にふえました。
どちらの子犬の方が体重のふえ方が大きいですか。
もとの体重の何倍になったかでくらべましょう。

　　　A の子犬　　4kg → 8kg
　　　B の子犬　　3kg → 9kg

式

答え＿＿＿＿＿＿＿

ふく習 ....

① $\dfrac{5}{6} - \dfrac{1}{6}$　　　　② $\dfrac{13}{14} - \dfrac{3}{14}$

③ $1 - \dfrac{3}{8}$　　　　④ $1 - \dfrac{5}{12}$

1　右の表は, A市, B市, C市の人口を
　　表しています。

A市	41248人
B市	52674人
C市	48391人

　　3つの市の人口を数直線にも表しました。

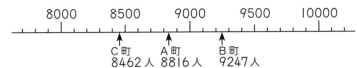

```
      40000   45000   50000   55000   60000
  ┗┴┴┴┴┴┴┴┴┴┴┴┴┴┴┴┴┴┴┴┴┴┴┴┴┴┴┴┴┴┴┴┛
        ↑A市        ↑C市    ↑B市
        41248人     48391人 52674人
```

　　それぞれ約何万人といえますか。数直線を見て書きましょう。

　　　A市　約（ □0000 ）人　　　B市　約（　　　　）人

　　　C市　約（　　　　）人

2　右の表は, A町, B町, C町の人口を
　　表しています。

A町	8816人
B町	9247人
C町	8462人

　　3つの町の人口を数直線にも表しました。

```
      8000    8500    9000    9500    10000
  ┗┴┴┴┴┴┴┴┴┴┴┴┴┴┴┴┴┴┴┴┴┴┴┴┴┴┴┴┴┴┴┴┛
        ↑C町    ↑A町        ↑B町
        8462人  8816人       9247人
```

　　それぞれ約何千人といえますか。数直線を見て書きましょう。

　　　A町　約（ □000 ）人　　　B町　約（　　　　）人

　　　C町　約（　　　　）人

ふく習

① 72 ÷ 24　② 70 ÷ 35　③ 89 ÷ 21　④ 98 ÷ 24

1　次の数の千の位を四捨五入して, 一万の位までのがい数にしましょう。

①　68372　　（ 約 □0000 ）

②　54486　　（　　　　　　）

③　86200　　（　　　　　　）

④　965272　　（　　　　　　）

⑤　298301　　（　　　　　　）

2　次の数の百の位を四捨五入して, 千の位までのがい数にしましょう。

①　5379　　（ 約 □000 ）

②　2703　　（　　　　　　）

③　36527　　（　　　　　　）

④　15499　　（　　　　　　）

⑤　9801　　（　　　　　　）

ふく習

① 65 ÷ 13　② 81 ÷ 27　③ 57 ÷ 14　④ 85 ÷ 26

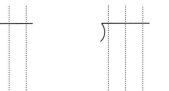

● 51このミニトマトを, 12こずつパックづめします。
　　12こ入りのパックは, 何パックできますか。

　　式

　　　　　　　　　　　　　　　　　答え＿＿＿＿＿＿

がい数の表し方 (3)

① 次の数を四捨五入して，上から1けたのがい数にしましょう。

① 3842　（　　　　　　　　）

② 84935　（　　　　　　　　）

③ 65027　（　　　　　　　　）

④ 88000　（　　　　　　　　）

⑤ 97426　（　　　　　　　　）

② 次の数を四捨五入して，上から2けたのがい数にしましょう。

① 4581　（　　　　　　　　）

② 2948　（　　　　　　　　）

③ 79820　（　　　　　　　　）

④ 606750　（　　　　　　　　）

⑤ 794979　（　　　　　　　　）

⑥ 997010　（　　　　　　　　）

ふく習

① 64 ÷ 16　② 85 ÷ 17　③ 84 ÷ 29　④ 72 ÷ 15

● 72まいのおり紙を，18人に同じ数ずつ配ります。
1人分は何まいになりますか。

式

答え　＿＿＿＿＿＿＿

がい数の表し方 (4)

① 一の位を四捨五入して，40になる整数のはんいを，以上と未満を使って
書きましょう。

（　　　　　　）以上（　　　　　　）未満

② 一の位を四捨五入して，170になる整数のはんいを，以上と未満を使って
書きましょう。

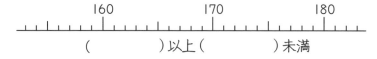

（　　　　　　）以上（　　　　　　）未満

③ 十の位を四捨五入して，300になる整数のはんいを，以上と未満を使って
書きましょう。

（　　　　　　）以上（　　　　　　）未満

④ 四捨五入して，百の位までのがい数にすると5500になる整数のはんいを，
以上と未満を使って書きましょう。

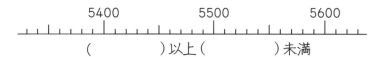

（　　　　　　）以上（　　　　　　）未満

ふく習

① 288 ÷ 12　② 769 ÷ 32　③ 394 ÷ 15　④ 401 ÷ 24

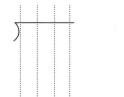 

がい数の表し方 (5)

名前

月　日

● 右の表は，A 地点と B 地点を平日と休日に通行した自動車の台数を，表にまとめたものです。

自動車の台数

	平日	休日
A 地点	3457 台	1652 台
B 地点	2638 台	5214 台

① 平日の A 地点と B 地点を通行した自動車の台数の合計は，約何千何百台といえばよいですか。がい算で求めましょう。

式

答え

② 休日の A 地点と B 地点を通行した自動車の台数の合計は，約何千何百台といえばよいですか。がい算で求めましょう。

式

答え

③ A 地点と B 地点のそれぞれで，平日と休日に通行した自動車の台数のちがいは，約何千何百台といえばよいですか。がい算で求めましょう。

A 地点　式

答え

B 地点　式

答え

ふく習

① 372 ÷ 24　② 639 ÷ 35　③ 258 ÷ 43　④ 793 ÷ 86

がい数の表し方 (6)

名前

月　日

① おまつり広場の屋台では，1 皿 520 円の焼きそばが 270 皿売れました。売り上げは約何万円になりましたか。
上から 1 けたのがい数にして見積もりましょう。

式

答え

② 子ども会では，バスを借りて遠足に行きます。
バス 1 台借りると，124000 円かかります。バスに乗る人数は 58 人です。
1 人分のバス代は約何円になりますか。
バス代は上から 2 けたのがい数に，参加人数は上から 1 けたのがい数にして見積もりましょう。

式

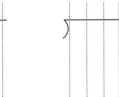

答え

ふく習

① 306 ÷ 43　② 516 ÷ 86　③ 228 ÷ 28　④ 117 ÷ 16

がい数の表し方 まとめ ①

① 次の数を四捨五入して，【　】の位までのがい数にしましょう。

① 351 【百の位】 （　　　　　　）

② 7238 【百の位】 （　　　　　　）

③ 8472 【千の位】 （　　　　　　）

④ 79742 【千の位】 （　　　　　　）

⑤ 66203 【万の位】 （　　　　　　）

⑥ 997204 【万の位】 （　　　　　　）

② 次の数を四捨五入して，【　】の中までのがい数にしましょう。

① 4186 【上から1けた】 （　　　　　　）

② 7624 【上から1けた】 （　　　　　　）

③ 56479 【上から2けた】 （　　　　　　）

④ 997384 【上から2けた】 （　　　　　　）

③ 次の数になる整数のはんいを，以上と未満を使って書きましょう。

① 四捨五入して十の位までのがい数にすると，180になる整数のはんい

170　　　　180　　　　190

（　　　　　）以上（　　　　　）未満

② 四捨五入して百の位までのがい数にすると，600になる整数のはんい

500　　　　600　　　　700

（　　　　　）以上（　　　　　）未満

がい数の表し方 まとめ ②

① 四捨五入して千の位までのがい数にして，答えを見積もりましょう。

① 17549 + 23076

② 78173 - 4672

② 四捨五入して上から1けたのがい数にして，答えを見積もりましょう。

① 872 × 436

② 9574 ÷ 239

③ 右の表は，美じゅつ館の午前と午後の入場者数です。

美じゅつ館の入場者数

午前	3224人
午後	4372人

① 午前と午後の入場者数の合計は，約何千何百人ですか。がい算で求めましょう。

式

答え

② 午後の入場者数は，午前の入場者数より約何千何百人多いですか。がい算で求めましょう。

式

答え

④ バス旅行者58人から，1人4350円ずつ集金します。集めたお金は，全部で約何万円になりますか。上から1けたのがい数にして見積もりましょう。

式

答え

計算のきまり（1）

名前

① まなぶさんは，130円のパンと150円のジュースを買って500円を出しました。おつりは何円ですか。

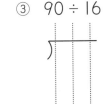

① パンとジュースの代金の合計は何円ですか。

式

答え＿＿＿＿＿＿＿＿

② おつりは何円ですか。

式

答え＿＿＿＿＿＿＿＿

③ ①と②の式を，（　）を使って１つの式に表して，答えを求めましょう。

式

答え＿＿＿＿＿＿＿＿

② 計算をしましょう。

①　$1000 - (600 + 150)$　　②　$12 \times (24 - 18)$

③　$36 \div (16 - 7)$　　④　$(9 - 3) \times (3 + 5)$

ふく習

①　$78 \div 26$　　②　$69 \div 24$　　③　$90 \div 16$　　④　$88 \div 17$

計算のきまり（2）

名前

① はるやさんは，150円のあんパンを3こ買って500円を出しました。おつりは何円ですか。

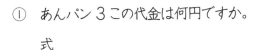

① あんパン3この代金は何円ですか。

式

答え＿＿＿＿＿＿＿＿

② おつりは何円ですか。

式

答え＿＿＿＿＿＿＿＿

③ ①と②の式を，１つの式に表して，答えを求めましょう。

式

答え＿＿＿＿＿＿＿＿

② 計算をしましょう。

①　$15 + 7 \times 5$　　②　$40 - 30 \div 6$

③　$21 + 40 \div 5$　　④　$110 - 6 \times 5$

⑤　$24 \div 4 + 2 \times 7$　　⑥　$8 \times 4 + 5 \times 6$

ふく習

①　$721 \div 31$　　②　$824 \div 26$　　③　$469 \div 23$　　④　$687 \div 28$

計算のきまり（3）

名前

1 計算をしましょう。

① $12 - 4 \times 2$

② $(12 - 4) \times 2$

③ $12 \times (4 - 2)$

④ $12 \times 4 - 2$

⑤ $12 \div (4 + 2)$

⑥ $12 \div 4 + 2$

2 計算をしましょう。

① $6 \times 8 - 4 \div 2$

② $6 \times (8 - 4) \div 2$

③ $6 \times (8 - 4 \div 2)$

④ $(6 \times 8 - 4) \div 2$

ふく習

次の角度をはかりましょう。

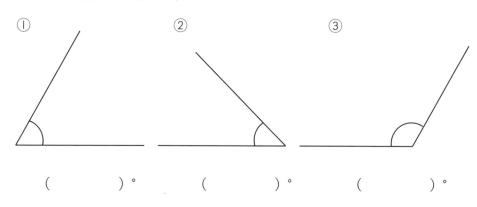

① （　　　）°　　② （　　　）°　　③ （　　　）°

計算のきまり（4）

名前

計算をしましょう。

① $4 \times 5 + 7$

② $4 \times (5 + 7)$

③ $44 - 36 \div 4$

④ $(44 - 36) \div 4$

⑤ $3 + 6 \times 4 \div 2$

⑥ $(3 + 6) \times 4 \div 2$

⑦ $4 + 8 \div 2 - 3$

⑧ $(4 + 8) \div 2 - 3$

⑨ $(20 - 12 \div 4) + 2$

⑩ $20 - (12 \div 4 + 2)$

ふく習

次の角度をはかりましょう。

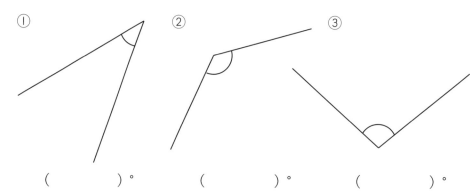

① （　　　）°　　② （　　　）°　　③ （　　　）°

計算のきまり（5）

名前

● 右の図の○の数を求めるための式を考えました。
　次の考え方にあてはまる式を㋐〜㋒から選んで，
□に記号を書きましょう。

① 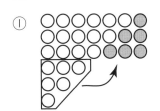　左の図のように
　○を動かすと
　たてに３こ，横に
　７列になります。　□

② 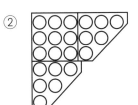　３つに分けて
　求めて，合計
　します。　□

③ 　同じものを２つ
　合わせて，それを
　半分にします。　□

㋐ 6 × 7 ÷ 2

㋑ 3 × 7

㋒ 3 × 3 + 6 × 2

ふく習

● 次の角度をはかりましょう。

①　（　　　）°

②　（　　　）°

③　（　　　）°

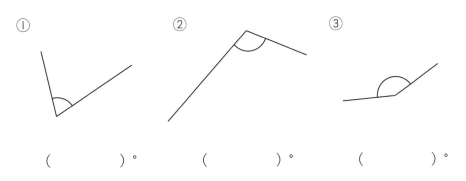

計算のきまり（6）

名前

● 計算のきまりを使って計算します。
　□にあてはまる数を書きましょう。

① $95 + 78 + 5 = 95 + \boxed{} + 78$

　$= \boxed{} + 78$

　$= \boxed{}$

② $25 \times 67 \times 4 = 25 \times \boxed{} \times 67$

　$= \boxed{} \times 67$

　$= \boxed{}$

③ $13 \times 8 + 7 \times 8 = (13 + \boxed{}) \times 8$

　$= \boxed{} \times 8$

　$= \boxed{}$

④ $104 \times 25 = (100 + \boxed{}) \times 25$

　$= 100 \times 25 + \boxed{} \times 25$

　$= 2500 + \boxed{}$

　$= \boxed{}$

ふく習

● 次の角度をはかりましょう。

①　（　　　）°

②　（　　　）°

③　（　　　）°

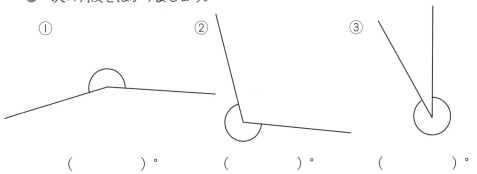

計算のきまり（7）

名前

① かけ算のせいしつを使って計算します。

□にあてはまる数を書きましょう。

① $4 \times 70 = 4 \times 7 \times 10$

$$= \boxed{} \times 10$$

$$= \boxed{}$$

② $60 \times 40 = 6 \times 4 \times 10 \times 10$

$$= 24 \times \boxed{}$$

$$= \boxed{}$$

② $4 \times 8 = 32$ をもとにして計算しましょう。

① 4×80

② 40×80

③ 4×800

④ 40×8

ふく習

● ・を中心として，矢印の方向に角をかきましょう。

① 70°　　　② 100°　　　③ 280°

計算のきまり

まとめ

名前

① 計算をしましょう。

① $25 + 15 \div 5$

② $(25 + 15) \div 5$

③ $40 \div 8 - 3$

④ $40 \div (8 - 3)$

⑤ $(24 \div 6 + 2) \times 3$

⑥ $24 \div (6 + 2 \times 3)$

② 計算のきまりを使って計算します。

□にあてはまる数を書きましょう。

① $25 \times 78 \times 4 = 78 \times (25 \times \boxed{})$

$$= 78 \times \boxed{}$$

$$= \boxed{}$$

② $98 \times 27 = (100 - \boxed{}) \times 27$

$$= 100 \times 27 - \boxed{} \times 27$$

$$= 2700 - \boxed{}$$

$$= \boxed{}$$

③ $25 \times 28 = 25 \times \boxed{} \times 7$

$$= \boxed{} \times 7$$

$$= \boxed{}$$

③ $9 \times 7 = 63$ をもとにして計算しましょう。

① 9×70

② 90×70

③ 900×7

垂直・平行と四角形（1）

名前

① 2本の直線が垂直になっているものを選び，（ ）に○をつけましょう。

（ 　 ）

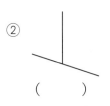
（ 　 ）

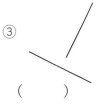
（ 　 ）

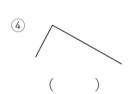
（ 　 ）

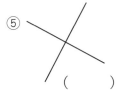
（ 　 ）

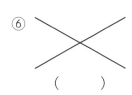
（ 　 ）

② Aの直線に垂直な直線はどれですか。□に記号を書きましょう。

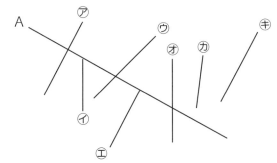

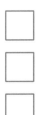

□

□

□

ふく習

● 長方形と正方形について，（ ）にあてはまることばを書きましょう。

① 長方形の4つの角はすべて（ 　　　 ）になっている。

② 長方形の向かい合う2つの辺の長さは（ 　　 ）。

③ 正方形の4つの角はすべて（ 　　 ）で，4つの辺の長さは
すべて（ 　　 ）。

垂直・平行と四角形（2）

名前

● 点Aを通って，直線⑦に垂直な直線をひきましょう。

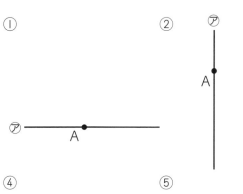

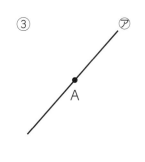

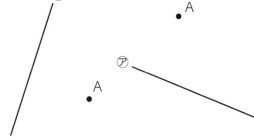

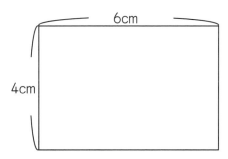

ふく習

● 下の図のような長方形をじょうぎや分度器などを使ってかきましょう。

6cm

4cm

垂直・平行と四角形 (3)

名
前

1　2本の直線が平行になっているものを選び,（　）に〇をつけましょう。

①
（　　　）

②
（　　　）

③
（　　　）

④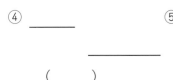
（　　　）

⑤
（　　　）

⑥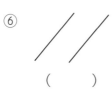
（　　　）

2　下の図で,平行な直線はどれとどれですか。

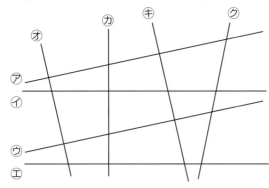

（　　）と（　　）

（　　）と（　　）

（　　）と（　　）

ふく習

● 右のマス目に,左と同じ図をかきましょう。

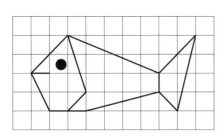
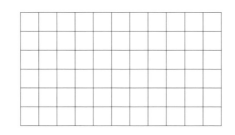

垂直・平行と四角形 (4)

名
前

1　{　}の中の正しい方のことばを〇で囲みましょう。

① 図|のように,直線㋐に直線あと直線いが
{ 垂直・平行 } に交わっているとき,
直線あと直線いは { 垂直・平行 } であると
いいます。

図|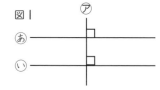

② 図2のように,直線あと直線いが平行な
とき,ほかの直線㋑とできる角は
{ 等しい・等しくない }。

図2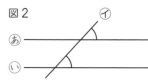

③ 図3のように,直線あと直線いが平行な
とき,直線アイと直線ウエの長さは
{ 等しい・等しくない }。

図3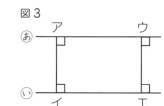

④ 平行な直線あといをのばしていくと
{ いずれ交わる・どこまでも交わらない }。

2　下の図の ㋐, ㋑, ㋒ の直線は平行です。
あ, い, う の角度はそれぞれ何度ですか。

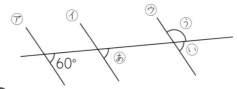

あ（　　　　　　）

い（　　　　　　）

う（　　　　　　）

ふく習

① 46÷2　② 90÷3　③ 87÷4　④ 62÷3

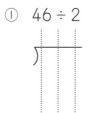
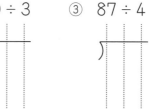

垂直・平行と四角形 (5)

名前

● 点Aを通って，直線㋐に平行な直線をひきましょう。

①

②

③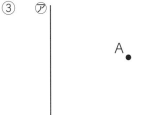

④

⑤

⑥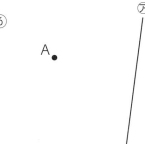

ふく習

① 76 ÷ 4　　② 95 ÷ 5　　③ 88 ÷ 6　　④ 98 ÷ 4

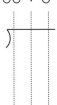
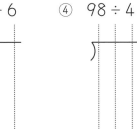

垂直・平行と四角形 (6)

名前

1 右の図を見て答えましょう。

① 垂直な直線はどれとどれ
　ですか。

　（　　　）と（　　　）

　（　　　）と（　　　）

　（　　　）と（　　　）

② 平行な直線はどれとどれ
　ですか。

　（　　　）と（　　　）

　（　　　）と（　　　）

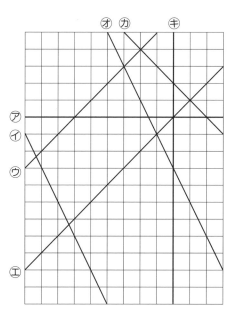

2 下の図の続きをかいて，正方形や長方形を完成させましょう。

① 正方形　　② 正方形　　③ 長方形

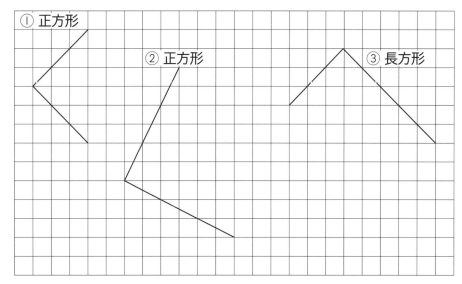

垂直・平行と四角形 (7)

名前　＿＿＿＿　月　日

1　次の文は台形と平行四辺形について説明した文です。（　）にあてはまることばを下の ⬚ から選んで書きましょう。（同じことばを2度使ってもよい。）

①　台　形　　　向かい合った（　　　）の辺が（　　　）な四角形

②　平行四辺形　　向かい合った（　　　）の辺が（　　　）な四角形

> 1組 ・ 2組 ・ 垂直 ・ 平行

2　下の㋐〜㋕の図形から，台形と平行四辺形を見つけて，□に記号を書きましょう。

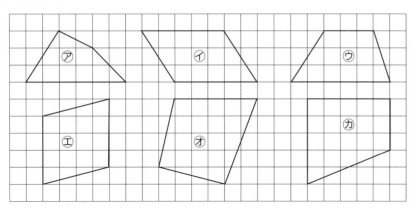

台形 □ , □　　　平行四辺形 □ , □

ふく習

① $96 \div 6$　② $75 \div 4$　③ $95 \div 3$　④ $83 \div 4$

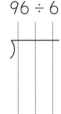  

垂直・平行と四角形 (8)

名前　＿＿＿＿　月　日

1　下の平行線を使って，台形と平行四辺形を1つずつかきましょう。

＿＿＿＿＿＿＿＿＿＿＿＿＿＿＿＿＿＿＿＿

＿＿＿＿＿＿＿＿＿＿＿＿＿＿＿＿＿＿＿＿

2　下の方がんに，平行四辺形の続きをかきましょう。

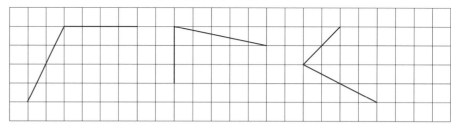

3　下の平行四辺形の角度や辺の長さを書きましょう。

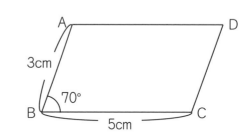

①　角A　（　　　）

②　角C　（　　　）

③　角D　（　　　）

④　辺AD　（　　　）

⑤　辺CD　（　　　）

ふく習

① $95 \div 7$　② $79 \div 2$　③ $80 \div 3$　④ $90 \div 4$

50　（122％に拡大してご使用ください）

● 下の図と同じ平行四辺形をかきましょう。

①

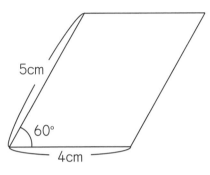

5cm　60°　4cm

②

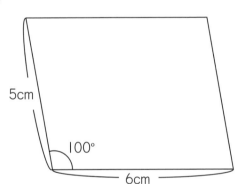

5cm　100°　6cm

① ひし形の説明として，{ } の中の正しい方のことばを○で囲みましょう。

① 4つの {角の大きさ・辺の長さ} は等しい。

② {向かい合った・となり合った} 角の大きさは等しい。

③ 向かい合った辺は {垂直・平行} である。

② 下のひし形の角度や辺の長さを書きましょう。

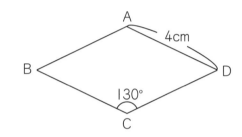

A　4cm　B　D　130°　C

① 角A （　　　　　　）
② 角B （　　　　　　）
③ 角D （　　　　　　）
④ 辺AB （　　　　　　）
⑤ 辺CD （　　　　　　）

③ 下の⑦〜⑦の中からひし形を見つけて，□に記号を書きましょう。

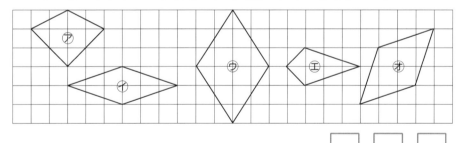

□ , □ , □

ふく習

① 84 ÷ 3　　② 71 ÷ 4　　③ 85 ÷ 4　　④ 62 ÷ 3

  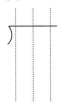 

ふく習

① 94 ÷ 5　　② 73 ÷ 2　　③ 90 ÷ 7　　④ 70 ÷ 3

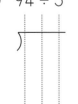 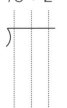  

垂直・平行と四角形 (11)　名前

● 次の四角形の対角線について調べましょう。

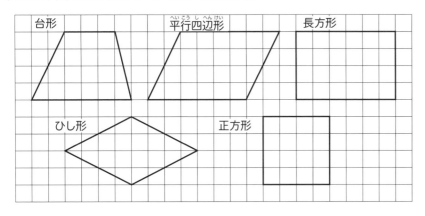

① 上の四角形に対角線をひきましょう。

② 2本の対角線の長さが等しい四角形はどれですか。

（　　　　　　　）（　　　　　　　　　）

③ 2本の対角線が垂直に交わる四角形はどれですか。

（　　　　　　　）（　　　　　　　　　）

④ 2本の対角線がそれぞれの真ん中の点で交わる四角形はどれですか。

（　　　　　　　）（　　　　　　　　　）

（　　　　　　　）（　　　　　　　　　）

ふく習

① 87 ÷ 3　　② 77 ÷ 4　　③ 65 ÷ 3　　④ 83 ÷ 8

   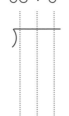

垂直・平行と四角形
まとめ ①　名前

1 次のような直線をひきましょう。

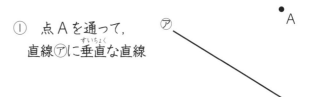

① 点Aを通って，
直線⑦に垂直な直線

② 点Bを通って，
直線①に平行な直線

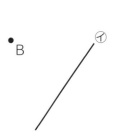

2 方がんに，次のような直線をひきましょう。

① 点Aを通って，
直線⑦に垂直な直線

② 点Bを通って，
直線⑦に平行な直線

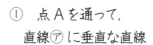
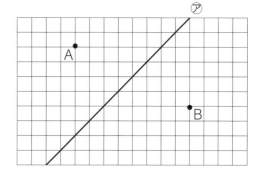

3 次の文で正しいもの2つに○をつけましょう。

（　）平行四辺形の4つの辺の長さは等しい。

（　）平行四辺形の向かい合った2組の辺はどちらも平行。

（　）ひし形の4つの角の大きさはすべて等しい。

（　）ひし形の向かい合った角の大きさは等しい。

垂直・平行と四角形
まとめ ②

名前

① 下の平行四辺形の角度や辺の長さを書きましょう。

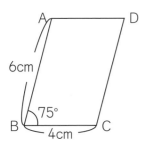

① 角A　（　　　　　）
② 角C　（　　　　　）
③ 角D　（　　　　　）
④ 辺AD　（　　　　　）
⑤ 辺CD　（　　　　　）

② 下の図のようなひし形をかきましょう。

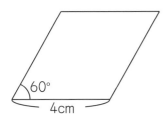

③ 次のような対角線になる四角形の名前を書きましょう。

①
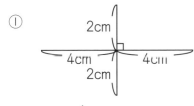
（　　　　　　　　　）

②
3cm　5cm
5cm　3cm
（　　　　　　　　　）

③
3cm
3cm　3cm
3cm
（　　　　　　　　　）

④
4cm　4cm
4cm　4cm
（　　　　　　　　　）

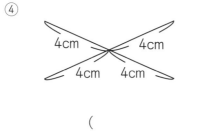

分数 （1）

名前

① 次の分数を真分数，仮分数，帯分数に分けましょう。

$$\frac{11}{5} \quad 2\frac{3}{5} \quad \frac{7}{7} \quad \frac{5}{8} \quad 1\frac{2}{9} \quad \frac{1}{2}$$

真分数（　　　　　）　仮分数（　　　　　）　帯分数（　　　　　）

② 色をぬった長さは何mですか。仮分数と帯分数で表しましょう。

①

0　　　1　　　2 (m)

仮分数（　　　）m

帯分数（　　　）m

②

0　　　1　　　2　　　3 (m)

仮分数（　　　）m

帯分数（　　　）m

③ 色をぬった水のかさは何Lですか。仮分数と帯分数で表しましょう。

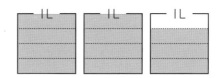

仮分数（　　　）L

帯分数（　　　）L

ふく習

① 96 ÷ 32　② 72 ÷ 24　③ 75 ÷ 23　④ 98 ÷ 46

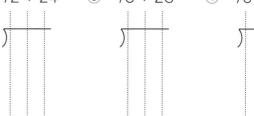

分数（2）

名
前

① 次の仮分数の長さの分だけ色をぬりましょう。
また，それを帯分数で表しましょう。

① $\frac{4}{3}$ m 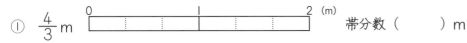 帯分数（　　　）m

② $\frac{7}{4}$ m 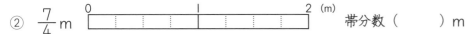 帯分数（　　　）m

③ $\frac{13}{5}$ m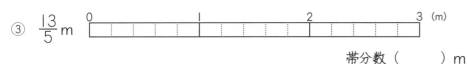

帯分数（　　　）m

② 次の帯分数のかさの分だけ色をぬりましょう。
また，それを仮分数で表しましょう。

① $2\frac{1}{2}$ L 仮分数（　　　）L

② $3\frac{2}{3}$ L 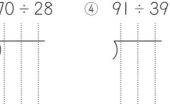 仮分数（　　　）L

ふく習

① 81 ÷ 27　② 48 ÷ 16　③ 70 ÷ 28　④ 91 ÷ 39

● 40本のえん筆を12本ずつ箱に入れます。12本入りの箱は何箱できますか。

式

答え＿＿＿＿＿＿＿＿＿＿＿

分数（3）

名
前

① 次の仮分数を，帯分数になおしましょう。

(1) $\frac{7}{5}$　① 分数の分だけ色をぬりましょう。
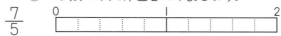

　② 計算で帯分数にします。（　）にあてはまる数を書きましょう。
　（　　　）÷ 5 ＝（　　　）あまり（　　　）

　③ 帯分数を書きましょう。（　　　　）

(2) $\frac{11}{4}$　① 分数の分だけ色をぬりましょう。
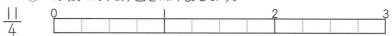

　② 計算で帯分数にします。（　）にあてはまる数を書きましょう。
　11 ÷（　　　）＝（　　　）あまり（　　　）

　③ 帯分数を書きましょう。（　　　　）

② 次の仮分数を，帯分数や整数になおしましょう。

① $\frac{5}{2}$ （　　　）　② $\frac{10}{3}$ （　　　）　③ $\frac{10}{5}$ （　　　）

④ $\frac{13}{4}$ （　　　）　⑤ $\frac{17}{6}$ （　　　）　⑥ $\frac{27}{8}$ （　　　）

⑦ $\frac{21}{7}$ （　　　）　⑧ $\frac{19}{9}$ （　　　）　⑨ $\frac{18}{6}$ （　　　）

ふく習

① 64 ÷ 16　② 72 ÷ 18　③ 70 ÷ 15　④ 40 ÷ 19

分数（4）　名　前

① 次の帯分数を，仮分数になおしましょう。

(1)　① 分数の分だけ色をぬりましょう。

$2\frac{1}{3}$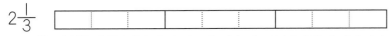

　② 計算で仮分数にします。（　）にあてはまる数を書きましょう。

　　$3 \times ($　　$) + ($　　$) = ($　　$)$

　③ 仮分数を書きましょう。　（　　　　）

(2)　① 分数の分だけ色をぬりましょう。

$2\frac{3}{4}$

　② 計算で仮分数にします。（　）にあてはまる数を書きましょう。

　　$4 \times ($　　$) + ($　　$) = ($　　$)$

　③ 仮分数を書きましょう。　（　　　　）

② 次の帯分数を，仮分数になおしましょう。

① $2\frac{2}{5}$ （　　　）　　② $3\frac{1}{2}$ （　　　）　　③ $4\frac{4}{5}$ （　　　）

④ $2\frac{5}{6}$ （　　　）　　⑤ $2\frac{3}{8}$ （　　　）　　⑥ $1\frac{4}{9}$ （　　　）

⑦ $1\frac{4}{15}$ （　　　）　　⑧ $2\frac{7}{10}$ （　　　）　　⑨ $2\frac{5}{12}$ （　　　）

ふく習

① $736 \div 32$ 　② $632 \div 42$ 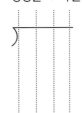　③ $288 \div 16$ 　④ $400 \div 15$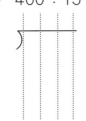

 分数（5）　名　前

● 下の数直線を見て答えましょう。

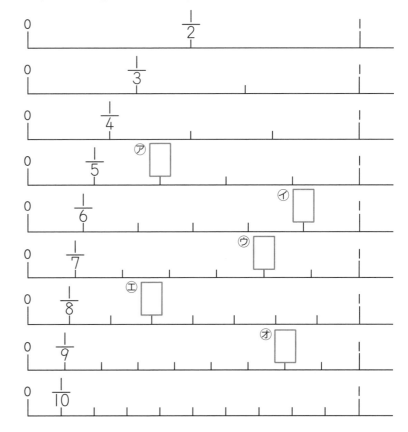

(1) 上の数直線の㋐〜㋘にあてはまる分数を書きましょう。

(2) 下の分数と大きさの等しい分数をすべて書きましょう。

① $\frac{1}{2} = ($　　$) = ($　　$) = ($　　$) = ($　　$)$

② $\frac{2}{3} = ($　　$) = ($　　$)$　③ $\frac{3}{4} = ($　　$)$　④ $\frac{1}{5} = ($　　$)$

分数 (6)

名 前

1 $\frac{5}{7}$ m と $\frac{4}{7}$ m の長さのリボンをあわせると，何 m になりますか。

式

答え

2 計算をしましょう。

① $\frac{5}{8} + \frac{7}{8}$

② $\frac{7}{9} + \frac{5}{9}$

③ $\frac{7}{6} + \frac{5}{6}$

④ $\frac{7}{12} + \frac{17}{12}$

⑤ $\frac{5}{4} - \frac{3}{4}$

⑥ $\frac{5}{3} - \frac{4}{3}$

⑦ $\frac{15}{7} - \frac{8}{7}$

⑧ $\frac{37}{15} - \frac{7}{15}$

ふく習

① 294 ÷ 32 ② 668 ÷ 74 ③ 375 ÷ 46 ④ 220 ÷ 27

 9m のリボンがあります。24cm ずつに切ります。24cm のリボンは何本できますか。

式

答え

 分数 (7)

名 前

1 $1\frac{2}{5}$ L と $1\frac{1}{5}$ L の水があります。あわせると何 L になりますか。

式

答え

2 計算をしましょう。

① $1\frac{2}{7} + 2\frac{3}{7}$

② $2\frac{3}{8} + \frac{2}{8}$

③ $1\frac{3}{4} + 2\frac{2}{4}$

④ $\frac{5}{9} + 1\frac{6}{9}$

⑤ $2\frac{5}{6} + 1\frac{2}{6}$

⑥ $1\frac{3}{5} + \frac{4}{5}$

⑦ $2\frac{4}{6} + 1\frac{2}{6}$

⑧ $\frac{1}{12} + 1\frac{11}{12}$

ふく習

① 966 ÷ 23 ② 800 ÷ 32 ③ 2646 ÷ 14 ④ 8580 ÷ 26

分数 (8)

名前

月　日

1 テープが $4\frac{3}{5}$ m あります。工作に使ったので,残りは $2\frac{2}{5}$ m になりました。工作に何 m 使いましたか。

式

答え _____

2 水が 4L あります。$2\frac{1}{5}$ L 飲むと,残りは何 L になりますか。

式

答え _____

3 計算をしましょう。

① $3\frac{2}{3} - 1\frac{1}{3}$

② $2\frac{4}{6} - 2\frac{2}{6}$

③ $1\frac{6}{7} - \frac{5}{7}$

④ $3\frac{3}{4} - 2$

⑤ $1\frac{1}{3} - \frac{2}{3}$

⑥ $2\frac{2}{5} - 1\frac{4}{5}$

⑦ $2 - \frac{3}{4}$

⑧ $3 - 1\frac{5}{8}$

⑨ $2\frac{1}{4} - 1\frac{3}{4}$

⑩ $3\frac{2}{9} - 1\frac{5}{9}$

⑪ $4\frac{4}{5} - \frac{4}{5}$

⑫ $3 - 1\frac{1}{6}$

分数
まとめ

名前

月　日

1 次の帯分数は仮分数に,仮分数は帯分数か整数になおしましょう。

① $1\frac{4}{5}$ （　　）

② $2\frac{2}{9}$ （　　）

③ $4\frac{2}{5}$ （　　）

④ $\frac{18}{3}$ （　　）

⑤ $\frac{19}{6}$ （　　）

⑥ $\frac{17}{4}$ （　　）

2 次の分数の大小を,不等号を使って表しましょう。

① $\frac{20}{7}$ □ $2\frac{5}{7}$

② $3\frac{1}{4}$ □ $\frac{15}{4}$

③ $3\frac{4}{9}$ □ $\frac{32}{9}$

④ $\frac{32}{15}$ □ $2\frac{1}{15}$

3 計算をしましょう。

① $\frac{4}{7} + \frac{5}{7}$

② $1\frac{1}{5} + 2\frac{3}{5}$

③ $2\frac{5}{7} + 1\frac{3}{7}$

④ $2\frac{5}{9} + \frac{4}{9}$

⑤ $\frac{9}{4} - \frac{7}{4}$

⑥ $4\frac{7}{8} - 4\frac{3}{8}$

⑦ $3\frac{1}{3} - 1\frac{2}{3}$

⑧ $2 - \frac{7}{12}$

⑨ $3\frac{2}{5} - \frac{4}{5}$

⑩ $4\frac{2}{7} - 2\frac{5}{7}$

変わり方調べ（1）

● 14本のぼうを使って，いろいろな長方形を作ります。

① たての本数と横の本数の関係を表にまとめましょう。

たての本数 (本)	1	2	3	4	5	6
横の本数 (本)						

② ①の表を式に表します。（　）にあてはまる数を書きましょう。

```
たての本数     横の本数
  1   +  (      ) = (      )
  2   +  (      ) = (      )
  3   +  (      ) = (      )
  ⋮          ⋮
  □   +   ○      = (      )
```

③ たての本数を□，横の本数を○として式に表しましょう。

```
┌─────────────────────────────┐
│                             │
└─────────────────────────────┘
```

ふく習

① 4.36 + 2.51　② 7.25 + 1.87　③ 9.36 + 2.54　④ 0.73 + 0.38

● りきさんは 4.65kg，るいさんは 3.97kg のいもをほりました。
あわせると何 kg ですか。

　　式

　　　　　　　　　　　　　　　　　　　　　　答え

変わり方調べ（2）

● 1辺が 1cm の正三角形を，下のように 1列にならべます。
まわりの長さはどのように変化するかを調べましょう。

1辺1cm

    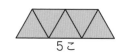
1こ　　2こ　　　3こ　　　　4こ　　　　　5こ

① 正三角形の数とまわりの長さの関係を表にまとめましょう。

正三角形の数 (こ)	1	2	3	4	5	6
まわりの長さ (cm)						

② ①の表を式に表します。（　）にあてはまる数を書きましょう。

```
正三角形の数              まわりの長さ
  1   +  (      ) = (      )
  2   +  (      ) = (      )
  3   +  (      ) = (      )
  ⋮          ⋮
  □   +  (      ) =   ○
```

③ 正三角形の数を□，まわりの長さを○として式に表しましょう。

```
┌─────────────────────────────┐
│                             │
└─────────────────────────────┘
```

④ 正三角形の数が 12 このとき，まわりの長さは何 cm ですか。

　　式

　　　　　　　　　　　　　　　　　　　　　　答え

⑤ まわりの長さが 20cm のとき，正三角形の数は何こですか。

　　式

　　　　　　　　　　　　　　　　　　　　　　答え

変わり方調べ（3）

名　前

● １辺が１cmの正方形を，下の図のように，１だん，２だん…と
ならべます。そのときのまわりの長さを調べましょう。

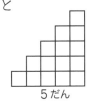

１辺が１cm
正方形

１だん　　２だん　　３だん　　　４だん　　　　５だん

① だんの数とまわりの長さの関係を表にまとめましょう。

だんの数　（だん）	1	2	3	4	5	6
まわりの長さ (cm)						

② ①の表を式に表します。（　）にあてはまる数を書きましょう。

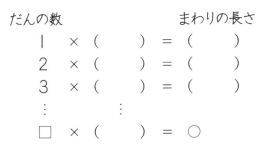

だんの数　　　　　　　まわりの長さ

１　×　（　　　）　＝　（　　　　）

２　×　（　　　）　＝　（　　　　）

３　×　（　　　）　＝　（　　　　）

　⋮　　　　⋮

□　×　（　　　）　＝　○

③ だんの数を□，まわりの長さを○として式に表しましょう。

④ だんの数が15だんのとき，まわりの長さは何cmですか。

式

答え

⑤ まわりの長さが100cmのとき，だんの数は何だんですか。

式

答え

変わり方調べ（4）

名　前

● １こ40gの消しゴムを，１こ，２こ…とふやしていきます。
消しゴムの数と全体の重さの変わり方を調べます。

① 消しゴムの数と全体の重さの関係を表にまとめましょう。

消しゴムの数（こ）	1	2	3	4	5	6
全体の重さ　（g）						

② ①の表を式に表します。（　）にあてはまる数を書きましょう。

１この重さ　　消しゴムの数　　　全体の重さ

40　×　　１　　　　＝（　　　　）

（　　）×　　２　　　　＝（　　　　）

（　　）×　　３　　　　＝（　　　　）

　⋮　　　　　⋮

（　　）×　　□　　　　＝　○

③ 消しゴムの数を□，全体の重さを○として式に表しましょう。

④ 消しゴムの数が14このとき，全体の重さは何gですか。

式

答え

⑤ 全体の重さが1kgのとき，消しゴムの数は何こですか。

式

答え

面積（1）

名
前

① ⑦～④の面積は何 cm² ですか。

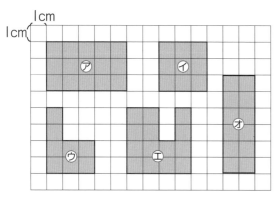

⑦ ＿＿＿＿＿ cm²

④ ＿＿＿＿＿

⑦ ＿＿＿＿＿

⑤ ＿＿＿＿＿

⑦ ＿＿＿＿＿

② ⑦～⑦の面積は何 cm² ですか。

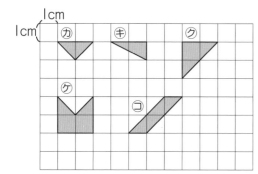

⑦ ＿＿＿＿＿ cm²

④ ＿＿＿＿＿

⑦ ＿＿＿＿＿

⑦ ＿＿＿＿＿

⑦ ＿＿＿＿＿

ふく習

● （　）にあてはまる数を書きましょう。

① 1m = （　　　　）cm　　② 1m20cm = （　　　　）cm

③ 1m5cm = （　　　　）cm　　④ 1km = （　　　　）m

⑤ 1km500m = （　　　　）m

⑥ 1km80m = （　　　　）m

面積（2）

名
前

① 次の面積を計算で求めましょう。

① 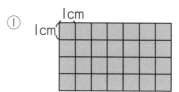　式

答え ＿＿＿＿＿

② 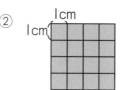　式

答え ＿＿＿＿＿

③ 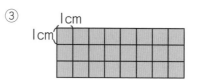　式

答え ＿＿＿＿＿

② 長方形と正方形の面積を求める公式を書きましょう。

長方形の面積 = ＿＿＿＿＿ × ＿＿＿＿＿

正方形の面積 = ＿＿＿＿＿ × ＿＿＿＿＿

ふく習

① 4.8 + 2.65　② 3.76 + 1.7　③ 2 + 5.27　④ 5.24 + 2.76

● 重さ 5.6kg のみかんを 0.47kg の箱に入れると, 全体の重さは何 kg になりますか。

式

答え ＿＿＿＿＿

60　（ 122%に拡大してご使用ください ）

名
前

月　日

1　次の長方形や正方形の面積を求めましょう。

①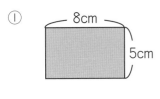

8cm
5cm

式

答え _____

② 正方形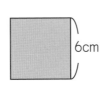

6cm

式

答え _____

③ たての長さ 12cm
　横の長さ 15cm の長方形

式

答え _____

④ 1辺の長さが 11cm の正方形

式

答え _____

2　次の長方形のたての長さは何 cm ですか。

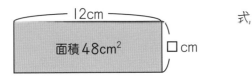

12cm
面積48cm²
□cm

式

答え _____

① 8.76 − 2.34　② 5.02 − 2.74　③ 7.35 − 2.5　④ 8.65 − 6

名
前

月　日

● 次の面積をくふうして求めましょう。

①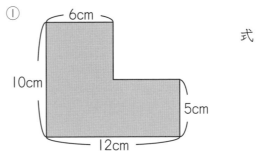

6cm
10cm
5cm
12cm

式

答え _____

②

3cm　　3cm
3cm　　3cm
3cm
9cm
9cm

式

答え _____

① 2.73 − 2　② 5.8 − 3.78　③ 3 − 1.84　④ 1 − 0.66

● ロープが 10.5m ありましたが，3.78m 使いました。
　ロープは何 m 残っていますか。

式

答え _____

面積（5）

名前

① 次の長方形や正方形の面積を求めましょう。

①
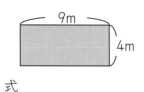
9m
4m

式

答え _____

② 正方形
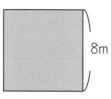
8m

式

答え _____

③ たて 10m, 横 20m の長方形のドッジボールコートの面積

式

答え _____

② （　）にあてはまる数を書きましょう。

① 1m² = （　　　　　　　）cm²

② 3m² = （　　　　　　　）cm²

③ 20000cm² = （　　　）m²　　④ 50000cm² = （　　　）m²

ふく習

① $\dfrac{6}{5} + \dfrac{7}{5}$

② $2\dfrac{1}{4} + 1\dfrac{2}{4}$

③ $3\dfrac{2}{3} + \dfrac{2}{3}$

④ $2\dfrac{5}{6} + 1\dfrac{1}{6}$

● 朝に $1\dfrac{2}{5}$ km, 夕方には $2\dfrac{1}{5}$ km 走りました。
あわせて何 km 走りましたか。

式

答え _____

面積（6）

名前

① 次の面積を求めましょう。

① 何 m² ですか。また，それは何 a ですか。

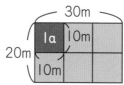
30m
1a　10m
20m
10m

式

答え 〔　　　　〕m² , 〔　　〕a

② 何 m² ですか。また，それは何 ha ですか。

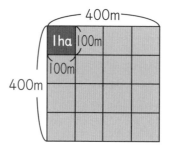
400m
1ha　100m
100m
400m

式

答え 〔　　　　　　　　〕m² , 〔　　〕ha

② （　）にあてはまる数を書きましょう。

① 1a = （　　　　　）m²　　② 1ha = （　　　　　）m²

③ 1ha = （　　　　）a

ふく習

① $3\dfrac{3}{8} + 1\dfrac{1}{8}$

② $1\dfrac{5}{7} + 2\dfrac{6}{7}$

③ $1\dfrac{5}{9} + \dfrac{4}{9}$

④ $3\dfrac{1}{4} + 2$

● きのうは $1\dfrac{5}{8}$ kg, 今日は $2\dfrac{7}{8}$ kg の重さのじゃがいもを
しゅうかくしました。あわせて何 kg になりますか。

式

答え _____

面積 (7)

名
前

① 次の長方形や正方形の面積を求めましょう。

①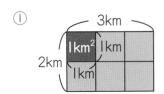

式

答え _____

② 1辺が6kmの正方形の面積

式

答え _____

② ( )にあてはまる数を書きましょう。

①　1km² = (　　) km × (　　) km

　　　　 = (　　　) m × (　　　) m

　　　　 = (　　　　　) m²

②　2km² = (　　　　　) m²

③　4000000m² = (　　　) km²

④　10000000m² = (　　　) km²

ふく習

①　$3\frac{4}{5} + 1\frac{3}{5}$　　　　②　$1\frac{7}{9} + \frac{5}{9}$

③　$2\frac{7}{12} + \frac{5}{12}$　　　　④　$3 + 1\frac{1}{2}$

● 牛にゅうが$1\frac{4}{5}$Lありました。$\frac{2}{5}$L買ってきました。
あわせて何Lになりましたか。

式

答え _____

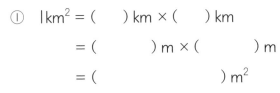

面積 (8)

名
前

① ( )にあてはまる面積の単位を書きましょう。
また，□ にあてはまる数を書きましょう。

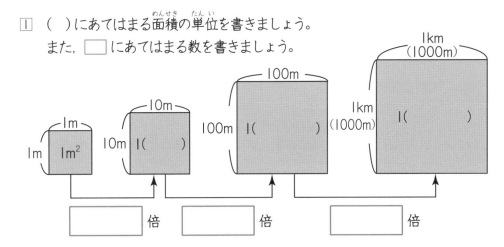

□□倍　　□□倍　　□□倍

② ( )にあてはまる面積の単位を，□ から選んで書きましょう。

①　秋田県の面積　　　　約11637 (　　　　)

②　教室のつくえの面積　約2900 (　　　　)

③　教室のゆかの面積　　約70 (　　　　)

　　　　cm²
　　　　m²
　　　　km²

ふく習

①　$\frac{9}{8} - \frac{3}{8}$　　　　②　$3\frac{9}{10} - 1\frac{3}{10}$

③　$2\frac{1}{4} - \frac{3}{4}$　　　　④　$4\frac{2}{5} - 3$

● ぬのが$4\frac{3}{5}$m²ありましたが，$3\frac{1}{5}$m²使いました。
ぬのは何m²残っていますか。

式

答え _____

面積 (9)

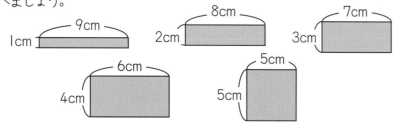

● まわりの長さが 20cm になるような長方形や正方形を作って, 面積をくらべましょう。

1cm／9cm
2cm／8cm
3cm／7cm
4cm／6cm
5cm／5cm

① 上の図を見て, 下の表のあいているところに, 数を書き入れましょう。

たて (cm)	1	2	3	4	5	6	7	8	9
横 (cm)	9								
面積 (cm²)	9								

② ①の表から, たての長さと面積の変わり方を右の折れ線グラフに表しましょう。

③ 面積がいちばん広くなるのはたての長さが何 cm のときですか。

(　　　　　　)

(cm²)　たての長さと面積

ふく習

① $4\frac{1}{8} - 1\frac{3}{8}$

② $1\frac{4}{9} - \frac{8}{9}$

③ $3\frac{4}{7} - \frac{4}{7}$

④ $4 - 1\frac{2}{3}$

面積

まとめ ①

① 次の長方形や正方形の面積を求めましょう。

①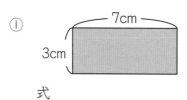
7cm／3cm

式

答え ＿＿＿＿＿＿

② 正方形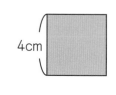
4cm

式

答え ＿＿＿＿＿＿

③ たてが 2km, 横が 4km の長方形

式

答え ＿＿＿＿＿＿

② 右の長方形の横の長さを求めましょう。

式

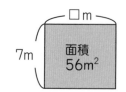
□m
7m　面積 56m²

答え ＿＿＿＿＿＿

③ 下の図形の面積を求めましょう。

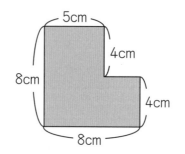
5cm
4cm
8cm
4cm
8cm

式

答え ＿＿＿＿＿＿

面積
まとめ ②

名　前

小数のかけ算（1）

名　前

---

① 右の長方形の面積は何 cm² ですか。
また，それは何 m² ですか。

式

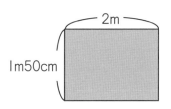

2m

1m50cm

答え [　　　　] cm² , [　　] m²

② 色のついた部分の面積を求めましょう。

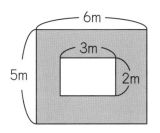

6m

3m

5m

2m

式

答え _____

③ 次の面積を表すのにふさわしい面積の単位を，右の [   ] から選んで書きましょう。

① 算数の教科書の面積　（　　　）

② 都道府県の面積　　　（　　　）

③ 教室の面積　　　　　（　　　）

cm²

m²

km²

④ （　）にあてはまる数を書きましょう。

① 1m² ＝（　　　　　　　）cm²

② 1a ＝（　　　　　　　）m²

③ 1ha ＝（　　　　　　　）m²

④ 1km² ＝（　　　　　　　）m²

● ペットボトルにジュースが 0.3L ずつ入っています。
このペットボトル5本では，ジュースは全部で何 L になりますか。
（　）にあてはまる数を書きましょう。

① 式を書きましょう。

　　（　　　　　）×（　　　　　）

② 答えの求め方を考えましょう。

【考え方１】

　0.3L は 0.1L の（　　　）こ分です。

　0.1L をもとにして考えると，

　　0.3 × 5 は 0.1 の（　　）×（　　）＝（　　　）こ分です。

　　0.1L が（　　　）こ分だから，答えは（　　　）L です。

【考え方２】

$$0.3 \times 5 = (\quad\quad)$$

↓10倍　　　　↑$\frac{1}{10}$

　（　　）× 5 ＝（　　　　）

③ 答えを書きましょう。　（　　　　　　　　）

ふく習 ....

① 873 ÷ 97　② 534 ÷ 88　③ 154 ÷ 16　④ 206 ÷ 28

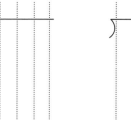

小数のかけ算（2）
小数第一位 × 1けた

名
前

① 2.7mのテープが3本あります。
　テープの長さは全部で何mになりますか。

式

答え _____

② 筆算でしましょう。

① 4.3 × 3　　② 4.6 × 4　　③ 7.8 × 6　　④ 9.3 × 7

⑤ 0.5 × 6　　⑥ 6.8 × 5　　⑦ 8.6 × 7　　⑧ 6.5 × 8

⑨ 27.4 × 8　　⑩ 53.7 × 7　　⑪ 49.5 × 6　　⑫ 38.4 × 4

 ふく習

① 96 ÷ 24　　② 74 ÷ 23　　③ 56 ÷ 14　　④ 63 ÷ 24

小数のかけ算（3）
小数第一位 × 2けた

名
前

① 4.8 × 38　　② 6.8 × 25　　③ 0.7 × 13　　④ 3.9 × 76

⑤ 18.2 × 17　　⑥ 75.3 × 89　　⑦ 0.5 × 46　　⑧ 7.6 × 84

⑨ 26.4 × 75　　⑩ 18.9 × 86　　⑪ 0.8 × 15　　⑫ 34.2 × 56

① 68 ÷ 17　　② 63 ÷ 18　　③ 276 ÷ 23　　④ 416 ÷ 26

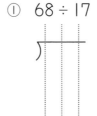  

小数のかけ算（4）

小数第二位 × 1けた・2けた

名前

① 3.46 × 3

② 0.45 × 5

③ 0.78 × 9

④ 2.25 × 6

⑤ 4.75 × 27

⑥ 7.05 × 76

⑦ 0.98 × 97

⑧ 1.25 × 68

⑨ 0.72 × 75

⑩ 6.09 × 98

⑪ 0.08 × 75

⑫ 7.85 × 16

ふく習

① 256 ÷ 32

② 684 ÷ 84

③ 157 ÷ 19

④ 153 ÷ 17

小数のわり算（1）

名前

① ジュースが 1.8L あります。

このジュースを 6 人で等分すると, 1 人分は何 L になりますか。

（　）にあてはまる数を書きましょう。

① 式を書きましょう。

（　　　　）÷（　　　　）

② 答えの求め方を考えましょう。

1.8L は 0.1L の（　　　）こ分です。

0.1L をもとにして考えると,

1.8 ÷ 6 は 0.1 の（　　　）÷（　　　）＝（　　　）こ分です。

0.1L が（　　　）こ分だから, 答えは（　　　）L です。

③ 答えを書きましょう。　（　　　　　　）

② 計算をしましょう。

① 0.6 ÷ 3

② 0.8 ÷ 2

③ 1.2 ÷ 6

④ 2.4 ÷ 4

⑤ 2.8 ÷ 7

⑥ 2.4 ÷ 2

ふく習

① 7508 ÷ 23

② 6934 ÷ 42

③ 1884 ÷ 314

④ 8250 ÷ 275

小数のわり算（2）
小数第一位 ÷ 1けた

名前

月　日

① 18.4m のリボンを 4 人で等しく分けます。
　　1 人分は何 m になりますか。

式

答え _____

② 筆算でしましょう。

① 7.5 ÷ 3　② 8.4 ÷ 6　③ 9.6 ÷ 3　④ 9.2 ÷ 4

⑤ 59.2 ÷ 2　⑥ 82.8 ÷ 6　⑦ 93.1 ÷ 7　⑧ 96.8 ÷ 8

⑨ 13.5 ÷ 5　⑩ 30.4 ÷ 4　⑪ 49.5 ÷ 9　⑫ 29.4 ÷ 7

ふく習

① 2.65 + 1.23　② 3.68 + 2.74　③ 0.98 + 0.27　④ 7.21 + 2.1

小数のわり算（3）
小数第一位 ÷ 1けた・2けた

名前

月　日

① 61.2L の麦茶を 18 クラスに等しく分けます。
　　1 クラスは何 L になりますか。

式

答え _____

② 筆算でしましょう。

① 7.2 ÷ 8　② 5.4 ÷ 9　③ 3.5 ÷ 5　④ 3.6 ÷ 4

⑤ 48.1 ÷ 37　⑥ 78.2 ÷ 23　⑦ 89.6 ÷ 28　⑧ 54.4 ÷ 16

⑨ 16.8 ÷ 28　⑩ 38.4 ÷ 48　⑪ 53.1 ÷ 59　⑫ 14.4 ÷ 18

ふく習

① 4.65 + 0.75　② 3.7 + 4.58　③ 3 + 7.04　④ 2.74 + 3.26

小数のわり算（4）

小数第二（三）位 ÷ 1けた・2けた

名
前

① 4mのパイプの重さは 7.12kg です。
このパイプ 1m の重さは何 kg ですか。

式

答え _____

② 筆算でしましょう。

① 9.24 ÷ 6　② 8.75 ÷ 7　③ 9.15 ÷ 5　④ 9.12 ÷ 3

⑤ 3.64 ÷ 26　⑥ 5.92 ÷ 37　⑦ 9.52 ÷ 34　⑧ 4.76 ÷ 28

⑨ 0.72 ÷ 8　⑩ 0.98 ÷ 14　⑪ 8.28 ÷ 46　⑫ 0.762 ÷ 6

ふく習

① 4.53 + 2.36　② 7.64 + 0.39　③ 2.56 + 0.34　④ 3.5 + 2.55

小数のわり算（5）

名
前

① 16.4m のロープから 3m のロープは何本とれますか。
また，何 m あまりますか。

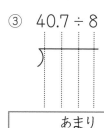

式

答え _____

② 商は一の位（くらい）まで求め（もと），あまりも出しましょう。また，けん算もしましょう。

① 76.8 ÷ 6　② 50.3 ÷ 4　③ 40.7 ÷ 8

あまり　　あまり　　あまり

けん算　　けん算　　けん算

④ 93.6 ÷ 29　⑤ 60.7 ÷ 15　⑥ 82.2 ÷ 16

あまり　　あまり　　あまり

けん算　　けん算　　けん算

ふく習

① 9.25 + 0.83　② 5.83 + 2.6　③ 7.95 + 8　④ 5.55 + 4.45

小数のわり算 (6)

名前

月　日

● わり切れるまで計算しましょう。

① 4.5 ÷ 6　② 3.4 ÷ 4　③ 2.6 ÷ 8　④ 6.2 ÷ 4

⑤ 51 ÷ 15　⑥ 4.6 ÷ 25　⑦ 60 ÷ 50　⑧ 70 ÷ 20

⑨ 7.2 ÷ 75　⑩ 5.4 ÷ 8　⑪ 5.1 ÷ 4　⑫ 51.4 ÷ 8

ふく習

① 7.26 − 2.25　② 8.16 − 2.78　③ 3.67 − 2.8　④ 3.51 − 3

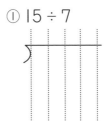

小数のわり算 (7)

名前

月　日

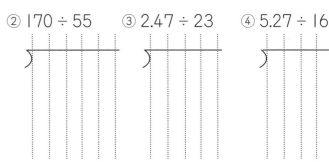

1　商は四捨五入して，上から 2 けたのがい数で表しましょう。

① 15 ÷ 7　② 170 ÷ 55　③ 2.47 ÷ 23　④ 5.27 ÷ 16

2　商は四捨五入して，$\frac{1}{10}$ の位までのがい数で表しましょう。

① 14 ÷ 30　② 27.4 ÷ 23　③ 37.6 ÷ 28　④ 8.88 ÷ 26

ふく習

① 1.65 − 0.7　② 4.35 − 3　③ 2.7 − 1.85　④ 7 − 2.59

小数のわり算 (8)
小数倍

名前

● 下のような長さの4色のテープがあります。

色	長さ (cm)
金	80
銀	50
茶	40
赤	25

① 金のテープの長さは，茶のテープの長さの何倍ですか。

式

答え _____

② 金のテープの長さは，銀のテープの長さの何倍ですか。

式

答え _____

③ 金のテープの長さは，赤のテープの長さの何倍ですか。

式

答え _____

ふく習

① 3.67 − 3.24　② 4.25 − 1.39　③ 8.54 − 3.9　④ 2.53 − 2

小数のわり算 (9)
小数倍

名前

● 下のような長さの4色のテープがあります。

色	長さ (cm)
青	100
白	80
黄	50
緑	40

① 黄のテープの長さは，青のテープの長さの何倍ですか。

式

答え _____

② 白のテープの長さは，青のテープの長さの何倍ですか。

式

答え _____

③ 緑のテープの長さは，黄のテープの長さの何倍ですか。

式

答え _____

ふく習

① 7.4 − 0.74　② 1.6 − 0.63　③ 4 − 1.72　④ 3 − 2.77

　（122%に拡大してご使用ください）

小数のかけ算・わり算
まとめ ①　　　名前

① 筆算でしましょう。

① 7.6 × 48　　② 39.2 × 54　　③ 8.36 × 25　　④ 0.48 × 69

⑤ 29.4 ÷ 6　　⑥ 19.2 ÷ 24　　⑦ 93.6 ÷ 26　　⑧ 5.04 ÷ 18

② 37.2m のロープがあります。

① 4人で等しく分けます。1人分は何mになりますか。

式

答え _____

② 4mずつに切ると，4mのロープが何本できて，何mあまりますか。

式

答え _____

③ 1周が1.25kmのコースを4周走ります。何km走ることになりますか。

式

答え _____

 小数のかけ算・わり算
まとめ ②　　　名前

① 商は一の位まで求め，あまりも出しましょう。また，けん算もしましょう。

① 30.5 ÷ 7　　② 52.7 ÷ 17　　③ 60.2 ÷ 15

| あまり | あまり | あまり |

けん算　　　　けん算　　　　けん算

② 商は四捨五入して，上から2けたのがい数で表しましょう。

① 18 ÷ 7　　② 73.65 ÷ 36　　③ 82.8 ÷ 27

③ 6mで16.1kgのパイプがあります。このパイプ1mの重さは何kgですか。
四捨五入して，$\frac{1}{10}$の位までのがい数で表しましょう。

式

答え _____

④ 1まい2.75kgの板が28まいあります。全部の重さは何kgですか。

式

答え _____

直方体と立方体 (1)

名前

1　（　）にあてはまることばを書きましょう。また，その説明にあう方の図の記号を□に書きましょう。

①　長方形だけ，または長方形と正方形で囲まれた形を（　　　　　）

といいます。　□

②　正方形だけで囲まれた形を（　　　　　）といいます。　□

2　直方体と立方体について調べましょう。

①　面の数，辺の数，頂点の数を調べ，下の表にまとめましょう。

	面の数	辺の数	頂点の数
直方体			
立方体			

②　右のような直方体には，形も大きさも同じ面は，何面ずつ

何組ありますか。　　　（　　　）面ずつ（　　　）組

③　右のような直方体には，長さが等しい辺は，何本ずつ

何組ありますか。　　　（　　　）本ずつ（　　　）組

ふく習

① 7.6 × 8　② 9.6 × 48　③ 5.73 × 76　④ 0.76 × 25

   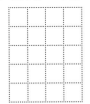

直方体と立方体 (2)

名前

●　次の直方体や立方体の展開図の続きをかきましょう。

①　直方体

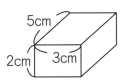

5cm　2cm　3cm

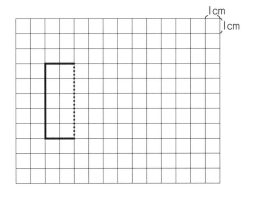

1cm　1cm

②　立方体

3cm　3cm　3cm

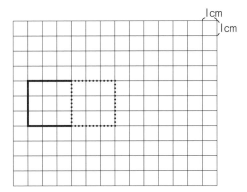

1cm　1cm

③　直方体

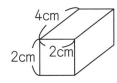

4cm　2cm　2cm

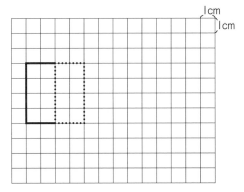

1cm　1cm

直方体と立方体（3）

名　前

① 直方体の展開図で正しいものをすべて選んで，（　）に○をつけましょう。

ア（　　）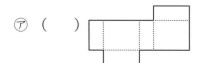

イ（　　）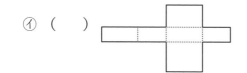

ウ（　　）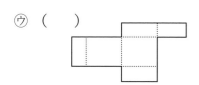

エ（　　）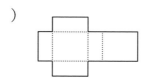

② 下の直方体の展開図を組み立てます。

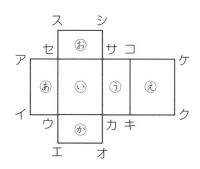

(1) 次の辺と重なる辺はどの辺ですか。

① 辺アイ　（辺　　　　　）

② 辺スシ　（辺　　　　　）

(2) 次の点と重なる点はどの点ですか。

① 点シ　（点　　　　　）

② 点ケ　（点　　　　　）（点　　　　　）

(3) 面◌と向き合う面はどの面ですか。

（面　　　　　）

ふく習 ....

① 5.3 × 49

② 6.7 × 68

③ 2.37 × 46

④ 4.68 × 73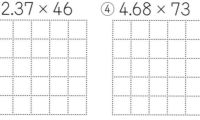

直方体と立方体（4）

名　前

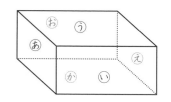

① 直方体の面について調べましょう。

(1) 面◌に垂直な面は4つあります。
すべて書きましょう。

（　　　　）（　　　　）（　　　　）（　　　　）

(2) 次の面に平行な面を書きましょう。

① 面◌（　　　　）　　② 面◌（　　　　）

(3) 平行な2つの面は何組ありますか。

（　　　　）組

② 下の立方体の展開図を組み立てます。

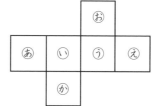

(1) 面◌に垂直な面は4つあります。
すべて書きましょう。

（　　　　）（　　　　）（　　　　）（　　　　）

(2) 次の面に平行な面を書きましょう。

① 面◌（　　　　）

② 面◌（　　　　）

ふく習 ....

① 43.5 × 24

② 3.91 × 19

③ 0.14 × 18

④ 0.38 × 58

直方体と立方体 （5）

名前

月　日

① 右の直方体の辺と辺の関係について調べましょう。

(1) 次の辺に垂直な辺をすべて書きましょう。

① 辺アイ

（　　　）（　　　）（　　　）（　　　）

② 辺ウク

（　　　）（　　　）（　　　）（　　　）

(2) 次の辺に平行な辺をすべて書きましょう。

① 辺アイ　　（　　　）（　　　）（　　　）

② 辺イウ　　（　　　）（　　　）（　　　）

② 右の立方体の辺と辺の関係について調べましょう。

(1) 辺イキに垂直な辺をすべて書きましょう。

（　　　）（　　　）（　　　）（　　　）

(2) 次の辺に平行な辺をすべて書きましょう。

① 辺アイ　　（　　　）（　　　）（　　　）

② 辺ウク　　（　　　）（　　　）（　　　）

ふく習

① 7.6 ÷ 4　　② 9.2 ÷ 23　　③ 33.6 ÷ 14　　④ 72.9 ÷ 27

直方体と立方体 （6）

名前

月　日

● 直方体の辺と面の関係について調べましょう。

(1) 次の面に垂直な辺は 4 つあります。すべて書きましょう。

① 面あ

（　　　）（　　　）（　　　）（　　　）

② 面い

（　　　）（　　　）（　　　）（　　　）

(2) 次の面に平行な辺は 4 つあります。すべて書きましょう。

面う

（　　　）（　　　）（　　　）（　　　）

(3) 次の辺に垂直な面は 2 つあります。すべて書きましょう。

① 辺アイ　　（　　　）（　　　）

② 辺イウ　　（　　　）（　　　）

(4) 次の辺に平行な面は 2 つあります。すべて書きましょう。

① 辺アイ　　（　　　）（　　　）

② 辺イウ　　（　　　）（　　　）

ふく習

● わり切れるまで計算しましょう。

① 27 ÷ 4　　② 7.2 ÷ 5　　③ 49 ÷ 14　　④ 5.1 ÷ 15

（122%に拡大してご使用ください）

直方体と立方体 (7) 名前

● 下の直方体や立方体を見て，見取図の続きをかきましょう。

① 直方体

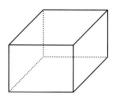 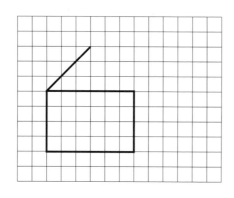

② 立方体

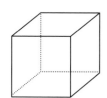 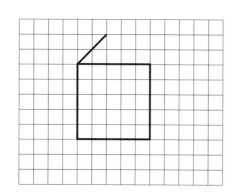

 直方体と立方体 (8) 名前

① 次のしるしの位置を【例】のように，横とたての長さで表しましょう。

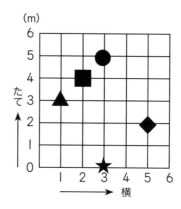

【例】 ■ （横 2m，たて 4m）

① ▲ （横　　，たて　　　）

② ● （横　　，たて　　　）

③ ◆ （横　　，たて　　　）

④ ★ （横　　，たて　　　）

② それぞれの位置を，右の図の中に表しましょう。

① ○ （横 3m，たて 4m）

② △ （横 5m，たて 2m）

③ □ （横 1m，たて 2m）

④ ● （横 6m，たて 6m）

⑤ ▲ （横 0m，たて 4m）

⑥ ■ （横 3m，たて 0m）

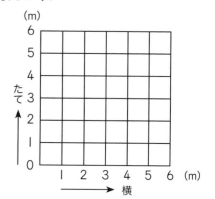

ふく習

① 9.6 ÷ 6　② 70.04 ÷ 34　③ 82.08 ÷ 27　④ 60.12 ÷ 18

  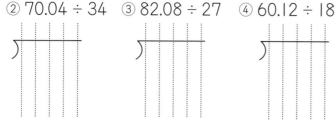 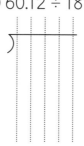

ふく習

● 商は一の位まで求め，あまりも出しましょう。

① 24.3 ÷ 8　② 38.6 ÷ 4　③ 86.3 ÷ 14　④ 82.1 ÷ 27

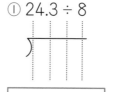 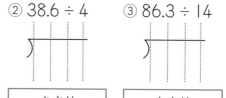 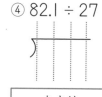

| あまり | あまり | あまり | あまり |

直方体と立方体（9）

名前

① 下の図の⑦，⑦，⑦，⑤の位置を，点Aをもとにして，（横，たて，高さ）で表しましょう。

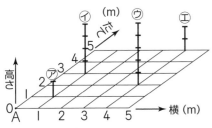

⑦（横 l m，たて　　，高さ　　）

⑦（横　　，たて　　，高さ　　）

⑦（横　　，たて　　，高さ　　）

⑤（横　　，たて　　，高さ　　）

② 下の直方体で，頂点Eをもとにして，ほかの頂点の位置を表しましょう。

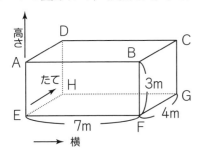

① 頂点B
（横　　，たて　　，高さ　　）

② 頂点G
（横　　，たて　　，高さ　　）

③ 頂点A
（横　　，たて　　，高さ　　）

ふく習

● 商は四捨五入して，上から2けたのがい数で求めましょう。

① 9.7 ÷ 3

② 37 ÷ 17

③ 7.64 ÷ 12

④ 8.24 ÷ 26
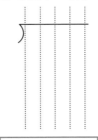

直方体と立方体
まとめ

名前

① 下の直方体の展開図の続きをかきましょう。

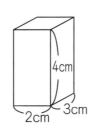

4cm
2cm　3cm

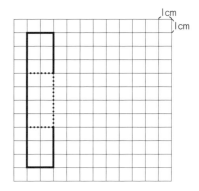

② 右の直方体の展開図を組み立てます。

（1）次の面と平行になる面を書きましょう。

① 面あ　（面　　　）

② 面お　（面　　　）

（2）面いと垂直になる面をすべて書きましょう。

（面　　　）（面　　　）

（面　　　）（面　　　）

③ 右の直方体について答えましょう。

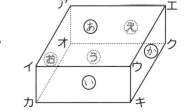

（1）面いと垂直になる辺をすべて書きましょう。

（辺　　　）（辺　　　）

（辺　　　）（辺　　　）

（2）辺カキと平行になる辺をすべて書きましょう。

（辺　　　）（辺　　　）

（辺　　　）

月　日

漢字の組み立て（1）

名前

1 次の■は、漢字でおおまかな意味を表している部分です。それぞれの名前を□から選んで書きましょう。

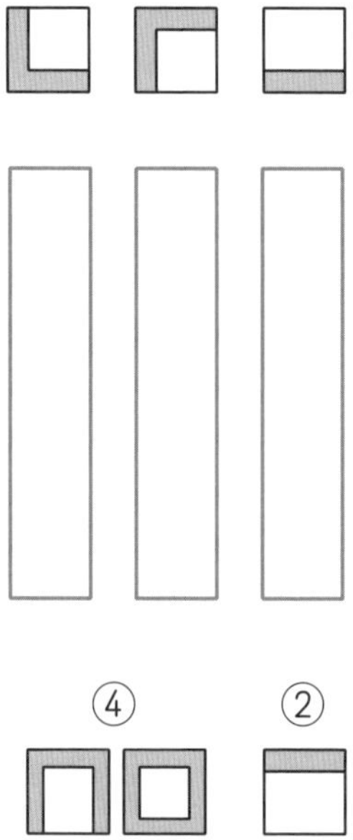

①　②　③　④　⑤

あし　たれ　かんむり　にょう　かまえ

2 次の部分のある漢字を、□から二つ選んで書きましょう。

① 艹 くさかんむり

② 广 まだれ

③ 心 こころ

④ 辶 しんにょう（しんにゅう）

⑤ 灬 れんが（れっか）

⑥ 門 もんがまえ

花　店　週　感　点　通　熱　間　苦　意　開　広

月　日

漢字の組み立て（2）

名前

1 漢字を、それぞれ二つの部分に分けました。□と⬚の中から一つずつ組み合わせて、元の漢字を作りましょう。

氵　艹　口
阝　亻　宀

楽　豕　毎
袁　皆　系

2 次の部分は、それぞれ何に関係のある漢字を作っていますか。線で結びましょう。

① 艹 ・　　・ 心のはたらきに関係のある漢字

② ⺮ ・　　・ 道や歩くことに関係のある漢字

③ 辶 ・　　・ 植物に関係のある漢字

④ 心 ・　　・ 竹で作られたものや、竹に関係のある漢字

（122%に拡大してご使用ください）

漢字辞典の使い方（1）

名前

1 次の漢字を、部首さくいんで調べます。漢字の部首を、□に書きましょう。

例　社　→　ネ

① 海　② 明　③ 近　④ 拾
⑤ 住　⑥ 待　⑦ 注　⑧ 柱　⑨ 地

2 次の漢字を、総画さくいんで調べます。漢字の画数を、□に書きましょう。

① 駅　② 感　③ 記　④ 決　⑤ 建
⑥ 港　⑦ 号　⑧ 考　⑨ 弱　⑩ 発

3 ＝の漢字の読み方と意味を、漢字辞典を使って調べましょう。

① 漢字辞典の使い方について、説明した。
読み方（　　　）　意味（　　　）

② 空を飛べるようになった空想を楽しむ。
読み方（　　　）　意味（　　　）

漢字辞典の使い方（2）

名前

1 漢字辞典で、漢字をさがします。次の漢字をさがすときは、どんなさがし方をすればよいか、□から選んで□に記号を書きましょう。

① 漢字の読み方はわからないが、部首がわかるとき

② 漢字の訓読みはわからないが、音読みがわかっているとき

③ 漢字の部首も読み方もわからないとき

□　□　□

ア 音訓さくいん
イ 部首さくいん
ウ 総画さくいん

2 次の漢字を、音訓さくいんで調べます。漢字の読み方を、音読みはカタカナで、訓読みはひらがなでかきましょう。

① 乗　音読み（　　）　訓読み（　　）
② 毛　音読み（　　）　訓読み（　　）
③ 油　音読み（　　）　訓読み（　　）
④ 読　音読み（　　）　訓読み（　　）
⑤ 形　音読み（　　）　訓読み（　　）
⑥ 館　音読み（　　）　訓読み（　　）

　（122％に拡大してご使用ください）

つなぎ言葉（1）

名前

1

「しかし」、「だから」のうち、あてはまる方を□に書きましょう。

① ピアノの練習をたくさんした。　□、上手にひけるようになった。

② 雨がふりそうなので、かさを持って行った。　□、雨はふらなかった。

③ 牛にゅうを買いにスーパーに行った。　□、売り切れていた。

④ 線路で遊ぶのはあぶない。　□、立ち入りきん止になっている。

2

次のつなぎ言葉と同じような意味の言葉を□から選んで、□に記号を書きましょう。

① だから　□

② しかし　□

③ そして　□

④ または　□

⑤ ところで　□

ア　でも
イ　それで
ウ　あるいは
エ　また
オ　さて

つなぎ言葉（2）

名前

1

□にあうつなぎ言葉を、□から選んで書きましょう。

① 夏休みに海に行った。　□、泳げなかった。

② ケーキを食べようか。　□、プリンを食べようか。

③ 明日は祝日だ。　□、遊園地に行くことにした。

それで
それとも
けれども

2

次の＝＝のつなぎ言葉に気をつけて、文の続きを書きましょう。

① 毎日、リコーダーの練習をした。だから、

② 毎日、リコーダーの練習をした。だけど、

③ 毎日、リコーダーの練習をした。しかも、

つなぎ言葉（3）

名前

１ 文に合うつなぎ言葉を選んで、○をつけましょう。

① 本屋に行った。
（　）しかし、
（　）だから、
本屋はお休みだった。

② 朝食にパンを食べようか。
（　）例えば、
（　）それとも、
ご飯を食べようか。

③ 山田さんはサッカーがうまい。
（　）それに、
（　）または、
野球もうまい。

２ □に合うつなぎ言葉を、┆┆から選んで書きましょう。

① バスで行きますか。　□、電車で行きますか。

② わすれ物をしないように、メモを書いた。　□、わすれ物をしてしまった。

┆ しかし　それとも ┆

つなぎ言葉（4）

名前

１ 次の二つの文が同じような意味になるように、□に合うつなぎ言葉を┆┆から選んで書きましょう。

① 約束の時間におくれないように走った。でも、おくれてしまった。

約束の時間におくれないように走った。　□、おくれてしまった。

② 田中さんはピアノが上手だ。しかも、歌も上手だ。

田中さんはピアノが上手だ。　□、歌も上手だ。

┆ また　しかし ┆

２ 次の文は、どんな気持ちを表していますか。＝＝のつなぎ言葉に気をつけて、表している気持ちを線で結びましょう。

① ピアノの練習をたくさんした。だから、コンクールで二位だった。　・
　　　　　　　　　　　　　　　　　　　　　　　　　　　　　　・ざんねんな気持ち

② ピアノの練習をたくさんした。だけど、コンクールで二位だった。　・
　　　　　　　　　　　　　　　　　　　　　　　　　　　　　　・うれしい気持ち

いろいろな意味を もつ言葉（1）

名前

1 次の（　）には、どれも同じ言葉が入ります。（　）に入る言葉を、□ に書きましょう。

① ピアノを（　）　かぜを（　）　ひもを（　）

② 名前を（　）　電気を（　）　印を（　）

③ タイムを（　）　重さを（　）　体温を（　）

④ うらないが（　）　日光が（　）　ボールが（　）

2 次の == の言葉と同じ意味でつかわれている文に、〇をつけましょう。

① このケーキはあまい。
（　）考えがあまい。
（　）あまいものが食べたい。
（　）あまい歌声の歌手。

② 馬がかける。
（　）電話をかける。
（　）原っぱをかける。
（　）洋服をかける。

③ 階段をあがる。
（　）おふろからあがる。
（　）花火があがる。
（　）二階にあがる。

④ 妹のめんどうをみる。
（　）病人をみる。
（　）テレビをみる。
（　）運をみる。

いろいろな意味を もつ言葉（2）

名前

1 == の言葉は、文の中ではどんな意味で使われていますか。下から選んで、線で結びましょう。

① くつひもをとく。・　・答えを出す。
絵の具を水でとく。・　・結んであったものをほどく。
問題をとく。・　・かきまぜて、えきたいにする。

② ドアがあく。・　・つかわなくなる。
店があく。・　・えい業がはじまる。
せきがあく。・　・ひらく。

③ 虫をとる。・　・つかまえる。
写真をとる。・　・手に持つ。
たなから本をとる。・　・うつす。

2 次の言葉を使って、意味のちがう文を二つ作りましょう。
たてる

慣用句・ことわざ（1）　名前

一

（　）の中には、体のある部分の名前が入ります。□から選んで、慣用句を作りましょう。

① （　）がたたない
② （　）を長くする
③ すずしい（　）
④ おにの（　）にもなみだ
⑤ （　）が遠い
⑥ 開いた（　）がふさがらない

口　歯　耳　首　目　顔

二

（　）の中には、動物の名前が入ります。□から選んで、慣用句を作りましょう。

① （　）が合う
② （　）も歩けばぼうにあたる
③ （　）にこばん
④ （　）も木から落ちる
⑤ （　）の一声
⑥ （　）のなみだ

犬
ねこ
馬
つる
さる
すずめ

慣用句・ことわざ（2）　名前

一

次の慣用句の意味を下から選んで、線で結びましょう。

① 話に花がさく　・　・もめごとなどを、全部なかったことにする。
② 水に流す　・　・むだ話などをして仕事をなまける。
③ 油を売る　・　・たくさん話題が出てきて、会話がはずむ。

二

（　）にあてはまる言葉を□から選んで書き、意味をア～エから選んで記号を□に書きましょう。

① 道（　）を食う
② （　）にあげる
③ （　）をのばす
④ （　）よりだんご

□□□□ 意味

たな
羽
花
草

【意味】
ア のびのびと自由にふるまう。
イ 目的地へ行くとちゅうで、ほかのことをする。
ウ つごうの悪いことにはふれないでおく。
エ 見た目がよいものより、役に立つものをとるほうがよい。

慣用句・ことわざ（3）

名前

1 次の意味を表すことわざを □ から選んで、□ に記号を書きましょう。

① あまりよくばると、何も手に入らなくなる。

② 役に立つものを持っているのに、使わない。

③ きけんな近道より、遠回りでも、安全な方法をとったほうがよい。

④ 思いがけない幸運がやってくる。

ア あぶはち取らず　　イ 急がば回れ

ウ たなからぼたもち　　エ たからのもちぐされ

□ □ □ □

2 （ ）に合う言葉を □ から選んで、ことわざを完成させましょう。

① （　）とすっぽん

② （　）は体を表す

③ にがした（　）は大きい

④ （　）の手も借りたい

⑤ （　）を投げる

名　月　ねこ
魚　さじ

慣用句・ことわざ（4）

名前

1 次のことわざが表す意味を □ から選んで、記号で書きましょう。

① 好きこそ物の上手なれ

② 馬の耳に念ぶつ（ねん）

③ おにに金ぼう

④ 水と油

□ □ □ □

ア 二つのせいしつが、しっくり調和しないこと。

イ いくら説明してもわからず、ききめがないこと。

ウ 好きなことは熱心にやるので、自然に上達するものだ。

エ もともと強いものが、さらに強くなること。

2 にた意味のことわざを、下から選んで線で結びましょう。

① 五十歩百歩　　　　・　・かっぱの川流れ

② ねこにこばん　　　・　・ぶたにしんじゅ

③ さるも木から落ちる・　・どんぐりのせいくらべ

熟語の意味（1）

名前

月　日

にた意味の漢字・反対の意味の漢字

1 次の漢字とにた意味を持つ漢字を □ から選んで、熟語を作りましょう。

① 森 □
② 寒 □
③ 絵 □
④ 岩 □
⑤ 道 □
⑥ 思 □

□
石　冷　路
画　林　想

2 □ からにた意味の漢字を二つ選んで熟語を四つ作り、読み方も（　）に書きましょう。

□
生　産　望　消
願　争　戦　失

□□□□ 熟語
（　）（　）（　）（　） 読み
（　）（　）（　）（　）

熟語の意味（2）

名前

月　日

にた意味の漢字・反対の意味の漢字

1 次の漢字と反対の意味を持つ漢字を □ から選んで、熟語を作りましょう。

① 高 □
② 勝 □
③ 大 □
④ 強 □
⑤ 売 □
⑥ 父 □

□
小　母　低
買　敗　弱

2 □ から反対の意味の漢字を二つ選んで熟語を四つ作り、読み方も（　）に書きましょう。

□
男　遠　右　苦
近　楽　女　左

□□□□ 熟語
（　）（　）（　）（　） 読み
（　）（　）（　）（　）

熟語の意味（3）

名前

1

次の熟語の読みを（　）に書きましょう。また、〈れい〉のように訓（くん）で読み、意味の分かる言葉にしましょう。

〈れい〉大木（ たいぼく ）　　意味　大きな木

① 流星（　　）

② 海水（　　）

③ 強風（　　）

2

次の熟語の読みを（　）に書きましょう。また、〈れい〉のように、下の漢字に「を」や「に」をつけて、上の漢字に返って読み、意味が分かる言葉にしましょう。

〈れい〉乗馬（ じょうば ）　　意味　馬に乗る

① 帰国（　　）

② 加熱（　　）

③ 着席（　　）

熟語の意味（4）

名前

1

次の熟語の読みを（　）に書き、どのような漢字の組み合わせになっているか、□から選んで□に記号を書きましょう。

ア　にた意味をもつ漢字の組み合わせ
イ　反対の意味をもつ漢字の組み合わせ
ウ　上の漢字が、下の漢字を修飾している（くわしく説明している）組み合わせ
エ　下の漢字に「〜を」や「〜に」をつけて、上の漢字が動作や作用を表している組み合わせ

① 白紙　読み（　　）　漢字の組み合わせ □

② 幸福　読み（　　）　漢字の組み合わせ □

③ 開門　読み（　　）　漢字の組み合わせ □

④ 強弱　読み（　　）　漢字の組み合わせ □

2

□の中からにた意味の漢字と反対の意味の漢字を選んで二つずつ熟語を作り、読みを（　）に書きましょう。

〈にた意味の熟語〉
□□（　　）
□□（　　）

〈反対の意味の熟語〉
□□（　　）
□□（　　）

近　内　好　満
月　外　物　遠
足　国　良

文の組み立て（1）
主語・述語・修飾語・文の長さ

名前

1 次の文の、主語と述語を書きましょう。また、修飾語の横に──線を引きましょう。

① 原っぱに 白い 花が たくさん さいている。
（主語　　）（述語　　）

② 昨日の 夜は 雨が ザーザー ふった。
（主語　　）（述語　　）

③ お父さんは 日曜日に ぼくと いっしょに 野球を する。
（主語　　）（述語　　）

2 次の文を読んで答えましょう。

ねこがすごいスピードでにげるねずみを追いかけている。

② ねこが「すごいスピードで」追いかけている文にするには、どこに読点（、）を打てばよいですか。読点を一つ打って、文を書きなおしましょう。
（　　　　　　　　　　　　）

③ ねずみが「すごいスピードで」にげている文にするには、どこに読点（、）を打てばよいですか。読点を一つ打って、文を書きなおしましょう。
（　　　　　　　　　　　　）

文の組み立て（2）
主語・述語・修飾語・文の長さ

名前

1 次の文の修飾語がくわしくしている言葉は、どれですか。□に書きましょう。

お母さんが ぼくの 大好きな クッキーを たくさん 作ってくれた。

大好きな
↓
[　　くわしくしている言葉　　]

たくさん
↓
[　　くわしくしている言葉　　]

2 次の文を、ア、イの意味になるように、読点（、）を一つ打って、書きなおしましょう。

① けいさつかんが車に乗ってにげたはん人を追いかけた。

ア（　）けいさつかんが車に乗って追いかけたとき

イ（　）はん人が車に乗ってにげたとき

② わたしはおじいちゃんとおばあちゃんのプレゼントを買いに行きます。

ア（　）おじいちゃんといっしょにプレゼントを買いに行くとき

イ（　）おじいちゃんとおばあちゃん二人分のプレゼントを買いに行くとき

まちがえやすい漢字（1）

名前

1 次の文の――線の言葉を漢字で書きます。□の漢字の、あてはまる方に○をつけましょう。

① 図書館で山田君にあった。 ［会・合］

② 新しい洋服をきる。 ［切・着］

③ 夜があける。 ［空・明］

④ 今夜ははやくねよう。 ［早・速］

2 次の□には、同じ読み方のちがう熟語が入ります。文に合うように、漢字を書きましょう。

① ［きょうりょく］
みんなで□□してそうじをする。
□□な力で引っぱられる。

② ［がっき］
夏休みが終わって、二□□が始まる。
わたしのとく意な□□はピアノです。

③ ［かいてん］
新しいパン屋さんが□□する。
コマが□□している。

④ ［きかい］
この時計は□□で動いている。
□□があれば、いっしょに食事に行きましょう。

まちがえやすい漢字（2）

名前

1 次の□には、同じ読み方のちがう漢字が入ります。文に合うように、漢字を書きましょう。

① ［あつ］
夏は□い。
スープが□い。

② ［もの］
買い□に行く。
正直□のおじいさん

2 次の□には、同じ読み方のちがう熟語が入ります。文に合うように、漢字を書きましょう。

① ［じしん］
自分□□で考える。
百点をとる□□がある。

② ［いがい］
ぼくたち□□だれもいない。
□□な人物がはん人だった。

③ ［かんしん］
植物の研究に□□を持つ。
上手な歌声に□□する。

④ ［しょうか］
おかゆは□□の良い食べ物です。
バケツの水をかけて□□した。

都道府県の漢字（1）　名前

一 　線の都道府県の漢字の読みを書きましょう。

① 宮城県（　　）
② 栃木県（　　）
③ 島根県（　　）
④ 愛知県（　　）
⑤ 北海道（　　）
⑥ 岐阜県（　　）
⑦ 東京都（　　）
⑧ 大阪府（　　）
⑨ 静岡県（　　）
⑩ 神奈川県（　　）
⑪ 大分県（　　）
⑫ 広島県（　　）

二 　□に県の漢字を書きましょう。

① とっとり　県
② えひめ　県
③ ながの　県
④ みやざき　県
⑤ あおもり　県
⑥ にいがた　県
⑦ とやま　県
⑧ かごしま　県
⑨ ながさき　県
⑩ おかやま　県
⑪ おきなわ　県
⑫ いわて　県

都道府県の漢字（2）　名前

一 　線の県の漢字の読みを書きましょう。

① 和歌山県の名産品といえば梅ぼしだ。（　　）
② 千葉県では、らっかせいがたくさん生産されている。（　　）
③ 秋田県のきりたんぽなべは、冬の風物詩だ。（　　）
④ 茨城県はなっとうが有名だ。（　　）

二 　□に都道府県の漢字を書きましょう。

① ふくしま　県のおみやげに赤べこをもらった。
② 日本で最初の飛行場は さいたま　県につくられた。
③ きょうと　府にはむかし、日本の都があった。
④ くまもと　県には「ひともじぐるぐる」という料理がある。

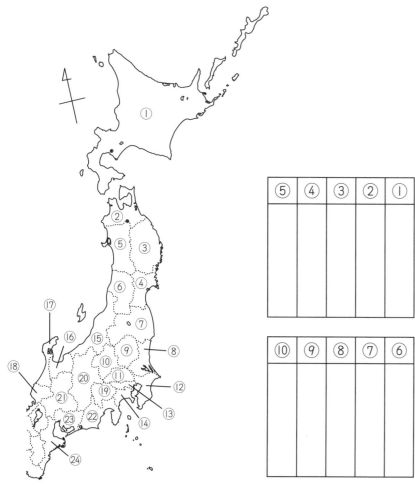

① ～ ㉔ までの都道府県を漢字で書きましょう。

⑤	④	③	②	①

⑩	⑨	⑧	⑦	⑥

㉔	㉓	㉒	㉑	⑳	⑲	⑱	⑰	⑯	⑮	⑭	⑬	⑫	⑪

㉕ ～ ㊼ までの都道府県を漢字で書きましょう。

㊲	㊱	㉟	㉞	㉝	㉜	㉛	㉚	㉙	㉘	㉗	㉖	㉕

㊷	㊶	㊵	㊴	㊳

㊼	㊻	㊺	㊹	㊸

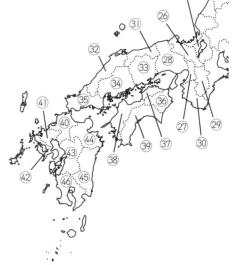

短歌・百人一首（1）

１　次の短歌を読んで答えましょう。

> 君がため春の野に出でて若菜つむわが衣手に雪は降りつつ　光孝天皇

① 右の短歌に横線を引いて、五・七・五・七・七の音に分けましょう。

② 「君がため」の意味を書きましょう。

③ 「わが衣手」の意味を書きましょう。

④ 「雪は降りつつ」の意味を書きましょう。

２　次の短歌を読んで答えましょう。

> ほととぎす鳴きつる方をながむればただ有明の月ぞ残れる　後徳大寺左大臣

① 右の短歌に横線を引いて、五・七・五・七・七の音に分けましょう。

② 「有明」の意味を書きましょう。

短歌・百人一首（2）

次の短歌は、「小倉百人一首」として知られています。上の句と下の句を線でつないで、短歌を完成させましょう。

① 春過ぎて夏来にけらし白妙の　・　　・　富士の高嶺に雪は降りつつ

② 瀬を早み岩にせかるる滝川の　・　　・　衣ほすてふ天の香具山

③ 田子の浦にうち出でて見れば白妙の　・　　・　われても末にあはむとぞ思ふ

④ 村雨のつゆもまだひぬまきの葉に　・　　・　声聞く時ぞ秋は悲しき

⑤ 奥山に紅葉踏み分け鳴く鹿の　・　　・　夢の通ひ路人目よくらむ

⑥ 住之江の岸による波よるさへや　・　　・　きり立ちのぼる秋の夕暮れ

ローマ字 (1)

五十音・濁音

名前

ローマ字 (2)

五十音・濁音

名前

1　次のローマ字の読みを書きましょう。

① tamago　　　　② denwa　　　　③ osara

（　　　　　　　）（　　　　　　　）（　　　　　　　）

④ turu　　　　　⑤ yasai　　　　　⑥ kanzume

（　　　　　　　）（　　　　　　　）（　　　　　　　）

2　次の言葉をローマ字で書きましょう。

くちびる　　　　くじら　　　　まめ

あさがお　　　　はさみ　　　　メモ

ほんや　　　　　なべ　　　　　かんじ

● 次の言葉をローマ字で書きましょう。

あさひ　　　　　カメラ　　　　スイカ

つみき　　　　　にんじん　　　ひつじ

めいろ　　　　　よる　　　　　れんこん

わなげ　　　　　うさぎ　　　　くり

セミ　　　　　　まつり　　　　てがみ

ローマ字 （3）
ぱぴぷぺぽ・小さいゃゅょ

名前

月　日

① 次のローマ字の読みを書きましょう。

① panda
（　　　　　　）

② pen
（　　　　　　）

③ ponzu
（　　　　　　）

④ syasin
（　　　　　　）

⑤ tyawan
（　　　　　　）

⑥ ryokan
（　　　　　　）

② 次の言葉をローマ字で書きましょう。

きんぎょ　　　　　パソコン　　　　　ピアノ

きゃく　　　　　　おもちゃ　　　　　まんぷく

こんにゃく　　　　にんじゃ　　　　　あくしゅ

ローマ字 （4）
ぱぴぷぺぽ・小さいゃゅょ

名前

月　日

● 次の言葉をローマ字で書きましょう。

でんしゃ　　　　　パズル　　　　　おちゃ

しゃかい　　　　　にんぎょ　　　　　ピン

だんじょ　　　　　プリン　　　　　しゅじゅつ

うんてんしゅ　　　ちゃいろ　　　　　キャラメル

としょかん　　　　じゃり　　　　　プラネタリウム

ローマ字（5）
のばす音・つまる音　名前

ローマ字（6）
のばす音・つまる音　名前

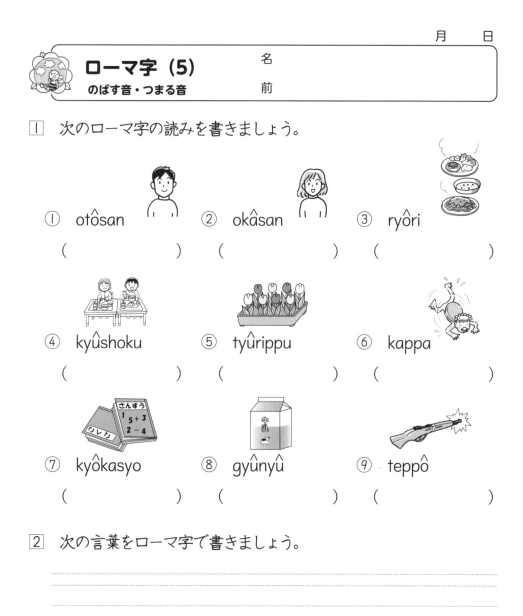

① 次のローマ字の読みを書きましょう。

① otôsan　（　　　　　）
② okâsan　（　　　　　）
③ ryôri　（　　　　　）

④ kyûshoku　（　　　　　）
⑤ tyûrippu　（　　　　　）
⑥ kappa　（　　　　　）

⑦ kyôkasyo　（　　　　　）
⑧ gyûnyû　（　　　　　）
⑨ teppô　（　　　　　）

② 次の言葉をローマ字で書きましょう。

プール　　　　　バット　　　　　ぼうし

どうぶつ　　　　はっぱ　　　　　ゼッケン

● 次の言葉をローマ字で書きましょう。

ジュース　　　　ふうせん　　　　がっき

とうふ　　　　　ピーナッツ　　　　ぎゅうにく

そうめん　　　　なっとう　　　　ちょうちょ

ボート　　　　　ギョーザ　　　　シャンプー

とっきゅうれっしゃ　　　　マットうんどう

都道府県の ローマ字（1）

名
前

● ①〜㉔までの都道府県をローマ字で書きましょう。

①	
②	
③	
④	
⑤	
⑥	
⑦	
⑧	
⑨	
⑩	
⑪	
⑫	
⑬	
⑭	
⑮	
⑯	
⑰	
⑱	
⑲	
⑳	
㉑	
㉒	

㉓	
㉔	

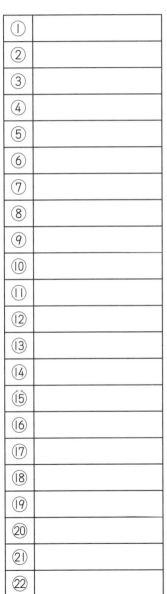
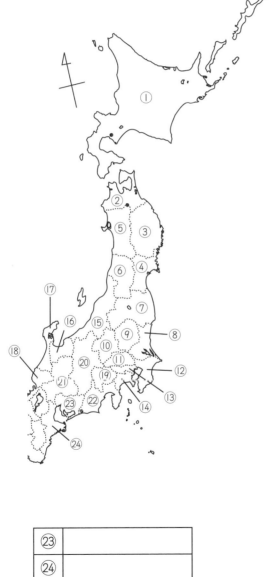

都道府県の ローマ字（2）

名
前

● ㉕〜㊼までの都道府県をローマ字で書きましょう。

㉕	
㉖	
㉗	
㉘	
㉙	
㉚	
㉛	
㉜	
㉝	
㉞	
㉟	
㊱	
㊲	
㊳	
㊴	
㊵	
㊶	
㊷	
㊸	
㊹	
㊺	

㊻	
㊼	

日本の地方区分

名
前

● 白地図の，1～47の都道府県名を □ の中に書きましょう。

1	
2	
3	
4	
5	
6	
7	
8	
9	
10	
11	
12	
13	
14	
15	
16	
17	
18	
19	
20	
21	
22	
23	
24	
25	
26	

27	
28	
29	
30	
31	
32	
33	
34	
35	
36	
37	
38	
39	
40	

41	
42	
43	
44	
45	
46	
47	

日本の都道府県

名
前

1 47都道府県は，下の地図のように8つの地方に分けられます。次の文の（　）に文字を入れましょう。

・一番北は（　　　　）海道地方　　・本州で一番北の東（　　　　）地方

・東京都がある関（　　　　）地方　　・日本の中央は（　　　　）部地方
　　とうきょう

・れきしの古き（　　　　）畿地方　　・国名ではないよ（　　　　）地方

・県が8つでも（　　　　）州地方　　・4つの県でも（　　　　）地方

2 下の地図の（　）に地方名を書きましょう。

3 地方を分ける線を赤でなぞりましょう。

4 自分の住んでいる県（都・道・府）は何地方ですか。

（　　　　　　　　）地方

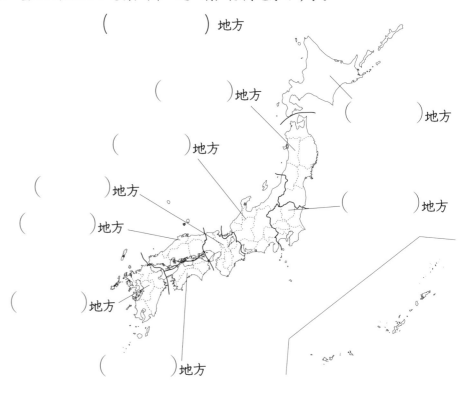

① 下の地図記号が表すものを ☐ の中から選んで，（　）に記号で書きましょう。

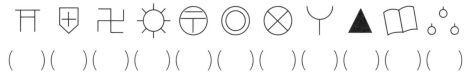

（　）（　）（　）（　）（　）（　）（　）（　）（　）（　）（　）

> ⑦ ゆうびん局　④ 消防しょ　⑦ 山頂　④ かじゅ園　⑦ 病院
>
> ⑦ 工場　④ 図書館　⑦ 神社　⑦ 市役所　⑦ けいさつしょ　⑦ お寺

② 上の地図記号のようなしせつや場所は，自分の家から見ると，どの方角にありますか。ある方角に記号を書きこみ，その場所の名前も書きましょう。

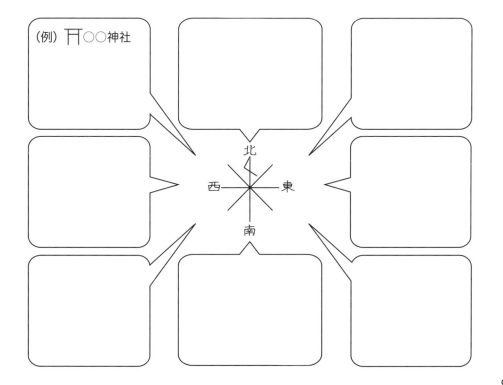

（例）开○○神社

北　西　東　南

● わたしの家の点から，それぞれの建物・しせつの点までのおおよそのきょりを，下の縮尺を使って考えましょう。

※ ヒント：じょうぎを線にあてて，はかる。

0　　　　　　　500m

このものさしは，縮尺といいます。
全部で500mですから，1目もり100mです。

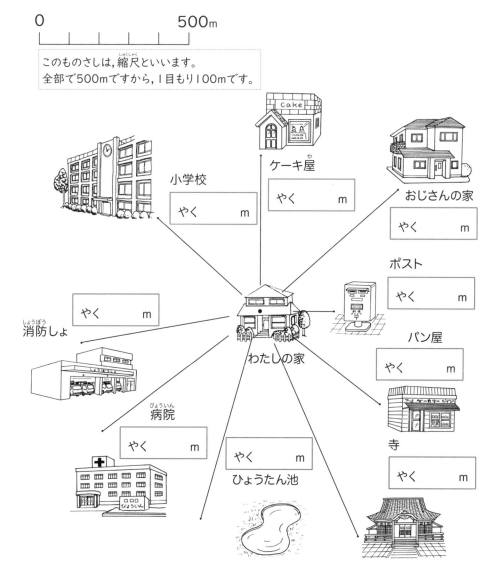

小学校　やく　　m

ケーキ屋　やく　　m

おじさんの家　やく　　m

ポスト　やく　　m

消防しょ　やく　　m

わたしの家

パン屋　やく　　m

病院　やく　　m

ひょうたん池　やく　　m

寺　やく　　m

私たちの県と市町村

名前

月　日

① 右の日本地図で自分の住んでいる県（都・道・府）をさがして，赤でぬりましょう。また，まわりにはどんな県があるか書きましょう。

② 自分の住む県（都・道・府）のだいたいの形を下に書きましょう。

③ 自分の住む市（区・町・村）は，②の地図のどのあたりにありますか。赤○をつけましょう。それは県（都・道・府）のどのあたりか説明しましょう。

④ 自分の住む市（区・町・村）のまわりには，どんな市（区・町・村）がありますか。下に名前を書きましょう。

⑤ 自分の住む県の中で行ったことがあるところや知っている市（区・町・村）があれば，下に書きましょう。

県（都道府）の土地のようす

名前

月　日

① 自分の住む県（都・道・府）に海があれば，海の名前を調べて書きましょう。

海の名前

② 自分の住む県（都・道・府）に山地や山脈があれば，名前を調べて書きましょう。

山地・山脈の名前

③ 自分の住む県（都・道・府）には，平野や盆地がありますか。調べて名前を書きましょう。

④ 上の □ に自分の住む県（都・道・府）の地図をかき，海，山地，山脈，平野，盆地がどのあたりにあるか書きましょう。

⑤ 平野についての文のうち，正しいものすべてに○をつけましょう。

（　　）山の高いところにある。

（　　）大きな川が海に流れこむところにある。

（　　）海に面したところに多い。

（　　）川の上流に多い。

くらしと水

名
前

● 下の絵を参考(さんこう)にして，水道のじゃ口が家の中のどこにあるか調べ，水を
どのように使っているのか書きましょう。

じゃ口のある場所	使い方

学校内のじゃ口と 水の通る道

名
前

1 あなたは学校で，どんなときに水を使いますか。

2 下の学校の図では，どこにじゃ口がありますか。

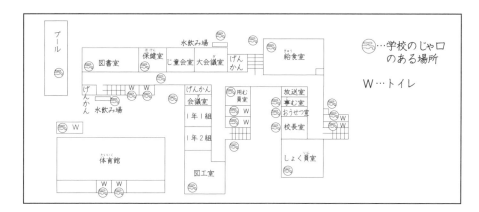

3 学校で水をたくさん使うところベスト5はどこだと思いますか。
予想して書きましょう。

(　　　　　　　) (　　　　　　　) (　　　　　　　)

(　　　　　　　) (　　　　　　　)

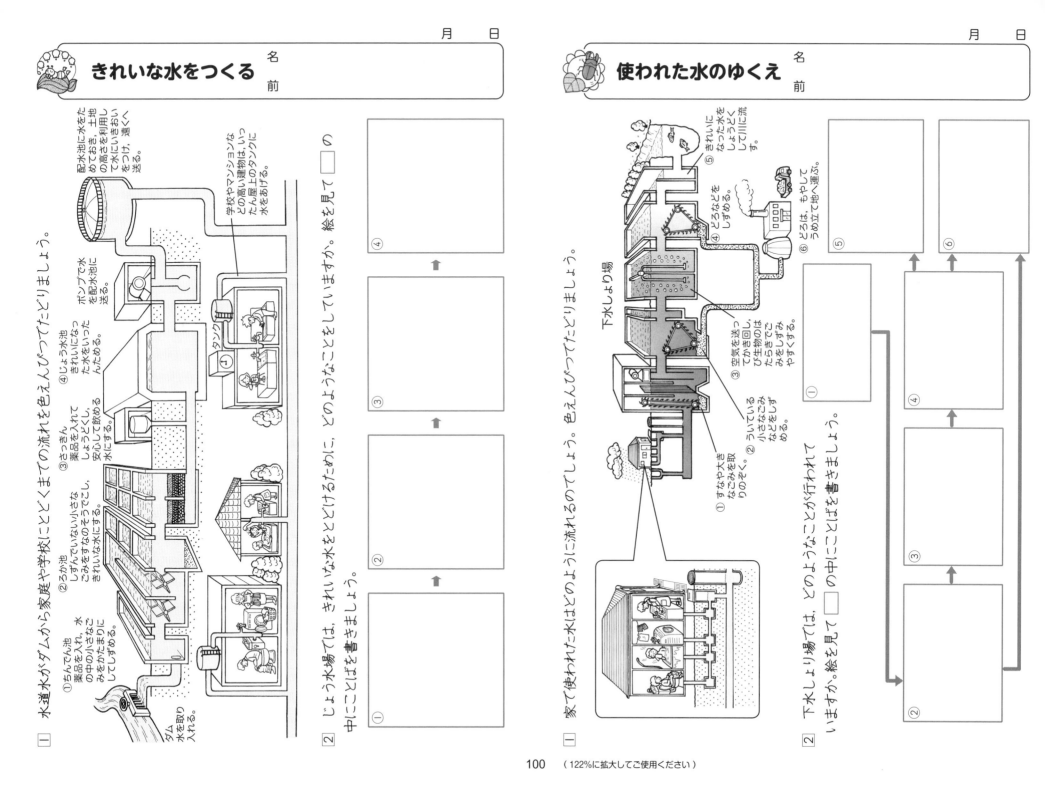

きれいな水をつくる

名前

① 水道水がダムから家庭や中学校にとどくまでの流れを色えんぴつでたどりましょう。

- 配水池に水をためておき、土地の高さを利用して水にいきおいをつけ、遠くへ送る。
- 学校やマンションなどの高い建物は、いったん屋上のタンクに水をあげる。
- ④じょう水池 きれいになった水をいったんためる。
- ポンプで水を配水池に送る。
- ③さっきん たくさん薬品を入れてしょうどくし、安心して飲める水にする。
- タンク
- ②ろか池 ちんでんしていない小さなごみをすなのそうでこし、きれいな水にする。
- ①ちんでん池 薬品を入れて、水の中の小さなごみをかたまりにしてしずめる。
- ダム 水を取り入れる。

② じょう水場では、きれいな水をとどけるために、どのようなことをしていますか。絵を見て □ の中にことばを書きましょう。

④

③

②

①

使われた水のゆくえ

名前

① 家で使われた水はどのように流れるのでしょう。色えんぴつでたどりましょう。

下水しょり場

- ⑤きれいになった水をしょうどくして川に流す。
- ④どろなどをしずめる。
- ③空気を送ってかきまわし、び生物のはたらきでごみをしずみやすくする。
- ②ういている小さなごみなどをしずめる。
- ①すなや大きなごみを取りのぞく。
- ⑥どろは、もやしてうめ立て地へ運ぶ。

② 下水しょり場では、どのようなことが行われていますか。絵を見て □ の中にことばを書きましょう。

⑤　⑥

④

③

②

①

100　（122%に拡大してご使用ください）

電気の使われ方

名
前

● 家の中で，停電するとこまるもの５つに○をつけ，下の表にこまるものの
名前と，その理由を書きましょう。

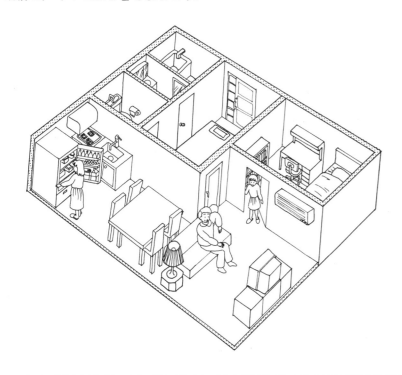

こまるもの	理　由

ガスの使われ方

名
前

1　あなたの家の中では，ガスはどこで使われていますか。

2　ガスホルダーからそれぞれのガス器具までの流れを色えんぴつでぬり
ましょう。

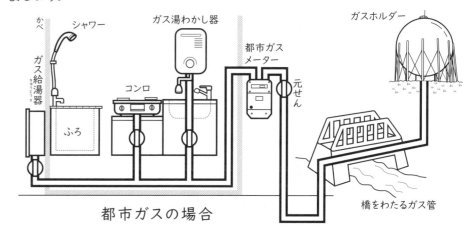

都市ガスの場合

3　ガスの流れをたどり，器具の名前を □ の中から選んで（　）に
書きましょう。

（　　　　）（　　　　）（　　　　）（　　　　） ガス器具

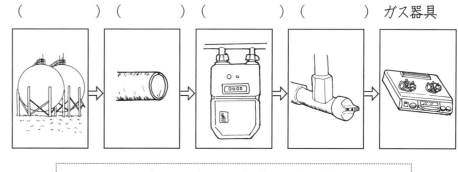

元せん　　ガスホルダー　　ガス管　　都市ガスメーター

ごみ調べ

● ふきだしの中の絵を見て，家の中ではどんなごみが出ているかを書きましょう。

（例）ビン

ごみの出し方

● あなたの住む地いきでは，下の絵にあるごみはどの種類(しゅるい)に分けて集められていますか。□の中に書きましょう。

<もえるごみ>

つくえ

紙くず

<もえないごみ>

くつ（金具なし）

茶わん

われた鏡(かがみ)

ハンドバッグ
（金具なし）

<大型ごみ>

新聞紙

タンス

<資源(しげん)（リサイクル）>

生ゴミ

ペットボトル

<そのほか>

ごみのしゅう集

名
前

① ごみしゅう集車は, ごみを集めるために, どんなしくみになっていますか。
（　）に記号を書きましょう。

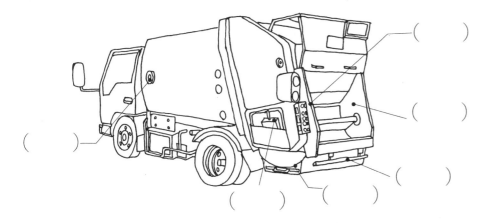

（　　　）

（　　　）

（　　　）

（　　　）

（　　　）

①　生ごみの中の水をためておくところ。
②　ごみのようすを見ながらごみをおしたり, くだいたりそうさするところ。
③　足でふむと非常ブレーキがかかるところ。
④　入れられたごみをおしつぶしてつめこんでいくところ。
⑤　ごみの量を見るところ。
⑥　ちりとりなど, かんたんなそうじ道具を入れるところ。

② 自分の住む地いきでは, もえる
ごみのしゅう集は, 週何回何曜日に
ありますか。

もえるごみ

生まれ変わる資源
ごみ（リサイクルごみ）

名
前

① 資源ごみ（リサイクルごみ）は, 何に生まれ変わるのでしょうか。
線で結びましょう。

ペットボトル　　ガラスびん　　スチールかん　　アルミかん　　紙

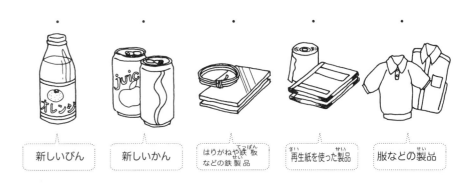

新しいびん　　新しいかん　　はりがねや鉄板
などの鉄製品　　再生紙を使った製品　　服などの製品

② リサイクルのほかにも, ごみをへらす方法を考えてみましょう。

さまざまな自然災害

名前

① 下の絵は, どんな自然災害が起こった後のようすですか。○をつけましょう。

高速道路

水

（ 台風 ・ ふん火 ・ 大雪 ）

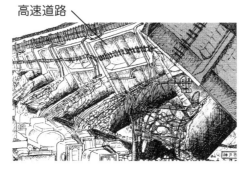

（ 台風 ・ 地震 ・ 大雪 ）

② 次の説明は, どの自然災害を表していますか。線で結びましょう。

① 河川の堤防が切れ,
こう水になる。　　　　・　　　　・ ぼう風

② 強い風で家がつぶれる。　・　　　　・ 集中ごう雨

③ 大雪がふりつもり,
家がつぶれる。　　　　・　　　　・ 地震

④ 地面がゆれる。津波が
起こることもある。　　・　　　　・ 大雪

⑤ 火山のよう岩が流れ,
ふん火の灰がつもる。　・　　　　・ 火山のふん火

地震と私たちの生活

名前

① 地震になったら, どんなことが起こるでしょう。☐☐の中からあてはまることばを選んで, 次の文の（　）の中にことばを書きましょう。

① 家がかたむいたり, たおれてこわれたりする。

② 線路や（　　　　）を電車や自動車が通れなくなる。

③ （　　　　　　　　）が起き, 道路や家がうまってしまう。

④ 海岸の近くでは, （　　　　　）がきて, 家などが流されることがある。

⑤ 電柱がたおれ, 電線が切れて（　　　　　）になり, 明かりや冷ぞう庫が使えなくなる。

⑥ 道路の下の（　　　　）やガス管がこわれ, 飲み水やガスが止まる。

> 土砂くずれ　　水道管　　津波　　停電　　道路

② 地震が起こったときにはどうしたらいいですか。☐☐の中からあてはまることばを選んで（　）の中に記号を書きましょう。

●まず地震でゆれたら,
① （　　　）と体を守る。
② 火の近くから（　　　）。

●ゆれがおさまったら,
① ドアを開けて, （　　　）をつくる。
② コンロの火を消し, 元せんを（　　　）。

●１〜２分後
① 出火していたら初期（　　　）する。
② （　　　）をはく。
③ 家族の（　　　）をたしかめる。
④ （　　　）を持つ。

●３分後
① 外に出て, （　　　）の安全をたしかめる。
② （　　　）に注意する。

> ㋐ 近所　㋑ にげ道　㋒ 消火　㋓ 安全　㋔ 頭　㋕ 閉める
> ㋖ 大切な持ち出し品　㋗ 開く　㋘ くつ　㋙ はなれる　㋚ 余震

地震にそなえる

● 地震が起こったときのことを考えて，家で話し合ったり準備したりしていることに，☑の印を入れましょう。

① 家族で準備していること

☐ 水道が止まったり，停電したりした時の用意をしている。

☐ 家具がたおれないようにしっかり止めている。

☐ 家族で防災の練習をしている。

② 災害時に持ち出すものをたしかめる

☐ ひなんの時の道具の準備や，非常持ち出しぶくろをつくっている。

☐ 非常持ち出し品がどこにあるのかわかっている。

☐ 食料と水（保存食や飲料水用タンク）のある場所をたしかめている。

☐ 持ち物の分たんを決めてある。

③ ひなん場所とひなんの道すじをたしかめる（特に津波のきけんがある場合）

☐ ひなんビルなどをたしかめる。

☐ とにかく高いところへにげるための場所を考えている。

☐ ひなんの道すじが，行きちがいにならないようにたしかめている。

☐ ひなんの道すじにある，きけんな場所やきけん物をたしかめている。

④ 家族との連らく方法

☐ ひなんしたとき，家族が集まる場所を決めている。

☐ 地震が，昼の場合と夜の場合と考えている。

☐ もしもの時の伝言ダイヤルを教えてもらっている。

学校や市町村の取り組み

1 地震の被害を防ぐため，学校や市区町村などが行っている取り組みについて，（　）にあてはまることばを ☐ から選びましょう。

① 学校や地いきで（　　　　　　　　　　　　）を何度も行なう。

② 被害のはん囲を予測した（　　　　　　　　　　）を作る。

③ 地震が起きたら，（　　　　　　　　　　）を出して知らせる。

④ 学校やその他の建物の（　　　　　　）を行う。

⑤ 県や市などが（　　　　　　　）を立て，市民に知らせる。

⑥ （　　　　　）を設置し，防災道具や水，食料をためてそなえる。

⑦ （　　　　　）や（　　　　　）と協力の仕方を決めておく。

> 緊急地震速報　　耐震工事　　けいさつ　　防災計画
> 防災倉庫　　ひなん訓練　　消防　　ハザードマップ

2 市町村の防災訓練で行われていることについて，あてはまる文すべてに○をつけましょう。

（　　）ハザードマップをつくる。

（　　）ひなん所を設置し，トイレなど体験してもらう。

（　　）びちく品の倉庫を点検する。

（　　）津波の時のにげ道をたしかめる。

（　　）学校の耐震工事を計画する。

（　　）人工こきゅう法など救命救急の方法を体験する。

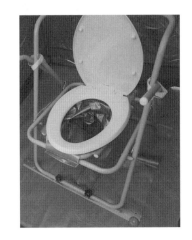

県に残る文化財

名
前

● 次の写真のものの説明として正しいものを㋐～㋘から選び，記号を（　）の中に書きましょう。

<昔の地いき調べ>

㋐ 鳥居があり，神様をまつっている建物。

㋑ おはかがあり，仏様がまつられているところ。

㋒ 小さなじぞうさまのほこら。

㋓ 家の外に置かれ，健康や安全をいのるじぞうさま。

㋔ れんがをつんで造った建物で，140年ぐらい前に日本に伝わる。

㋕ 深くほったあなに水をため，くみ上げて使うようにしたところ。

㋖ 戦争でなくなった人たちをお祈りする石碑。

㋗ まどや入口に，格子に組んだ戸をつけた古い家。

① （　　　）　② （　　　）　③ （　　　）　④ （　　　）

⑤ （　　　）　⑥ （　　　）　⑦ （　　　）　⑧ （　　　）

県に残る年中行事や祭り

名
前

1　次の年中行事は一年のうちいつごろ行われているのか，表の関係の深い月に１つずつ書きましょう。

おぼんのはかまいり	はつもうで	節分	ひな祭り
たんごの節句	お花見	田植え	大みそか
七五三	七夕	菊花展	お月見

一月	
二月	
三月	
四月	
五月	
六月	

七月	
八月	
九月	
十月	
十一月	
十二月	

2　次の絵はどんな年中行事ですか。下の　　　から選んで記号を書きましょう。

（　　　）（　　　）（　　　）（　　　）（　　　）

① クリスマス　② お正月　③ 七夕
④ 節分　⑤ おぼんのはかまいり

祭りの道具調べ（1）

名前

● 下の絵のような，昔から続いている祭りの道具の名前を調べ，□の中から選んで書きましょう。

ちょうちん	まつりせんす	おめん
ねじりはちまき	ししまい	みこし

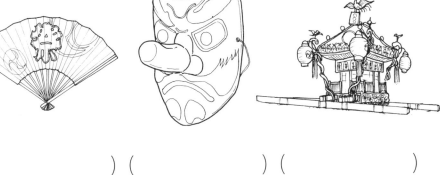

（　　　　　）（　　　　　）（　　　　　）

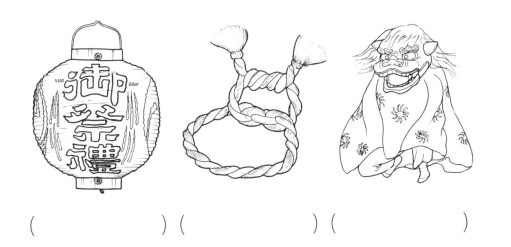

（　　　　　）（　　　　　）（　　　　　）

祭りの道具調べ（2）

名前

● 下の絵のような，昔から続いている祭りの道具の名前を調べ，□の中から選んで書きましょう。

ひき山	和だいこ	よこぶえ
しめだいこ	まつりうちわ	はんてん

（　　　　　）（　　　　　）（　　　　　）

（　　　　　）（　　　　　）（　　　　　）

昔の開発を調べよう

名
前

● 下の絵は昔の開発のようすを表したものです。絵を見て問題に答えましょう。

① 働いている人は，どんなことをしていますか。３つ書きましょう。

| |
| |
| |

② この工事は，何をつくっていると思いますか。下から選んで，（　）に○をつけましょう。

（　　）水路　　　（　　）道路　　　（　　）建物

③ このような工事が必要になった理由として，正しいものには○を，まちがっているものには×をつけましょう。

（　　）新しい道が必要になったから。

（　　）川の水が少なく，よく水不足になったから。

（　　）新しい鉄道が，通じることになったから。

昔の開発で使われた道具

名
前

● 今の道具と昔の道具をくらべて，同じ仕事をするものを線で結びましょう。

① ローラー車

　・

・あなをほる。・

あ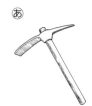

② ブルドーザー

　・

・土をかためる。・

い

③ ショベルカー

　・

・土をけずり，ならす。・

う

④ ダンプカー

　・

・土や砂を大量に運ぶ。・

え

⑤ ベルトコンベアー

　・

・土や砂，石を少しずつ運ぶ。・

お

● 自分の住んでいる県（都・道・府）で，特色のある地いきを調べましょう。

① 自分の県（都・道・府）の
だいたいの形を □ の中に
かき，県（都・道・府）庁所在
地を書き入れましょう。

② 行ったことのある市（区・町・
村）名を４つ（　）の中に書き，
①でかいた地図にも書き入れ
ましょう。

（　　　　　　　　　）

（　　　　　　　　　）

（　　　　　　　　　）

（　　　　　　　　　）

③ 自分の県（都・道・府）で，伝統産業がさかんな地いきを調べ，①で
かいた地図の中にも書き入れましょう。

地いき名　　　　　　　伝統産業名

（　　　　　　　　　）（　　　　　　　　　　　　）

④ 自分の県（都・道・府）で，自然や観光を特色とする地いきを調べ，
①でかいた地図の中にも書き入れましょう。

地いき名　　　　　　　特色とする内容

（　　　　　　　　　）（　　　　　　　　　　　　）

地いき名　　　　　　　特色とする内容

（　　　　　　　　　）（　　　　　　　　　　　　）

● 次の焼き物（とうじ器）づくりの絵は，どんなことをしているのか，下の
文から選んで記号を書きましょう。また，（　）につくる順番を書きましょう。

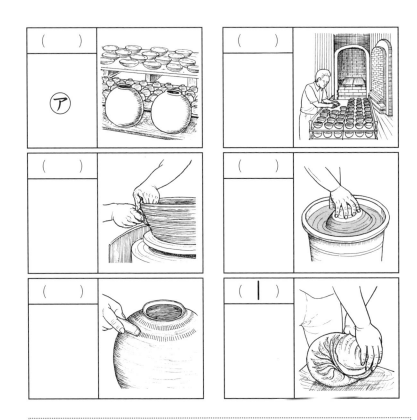

（　）ア

（　）

（　）

（　）

（　）

（　|　）

⑦ 天日でかわかします。

④ 土をよくもんで，ひびやゆがみの原因となる空気を追い出します。

⑦ うわ薬（ゆう薬）をつけます。

④ ろくろを使って形を整えていきます。

⑦ 作品によっては，けずったり，細工を入れたりします。

④ かまに入れて焼きます。

友好都市（1）

名
前

● 自分の住んでいる市（区・町・村）の友好都市について調べ，表に書き入れましょう。また，下の地図の中に赤色で印をつけましょう。

日本

	都道府県名	市区町村名
①		
②		

外国

	国名	市区町村名
①		
②		
③		

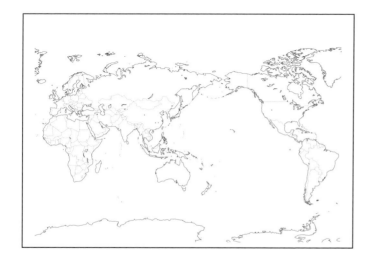

友好都市（2）

名
前

● 市のホームページから都市交流協会などにアクセスし，友好都市についてくわしく調べましょう。

都市の名前			
場所 （国名または県名）			
人口		面積	
自然のようす			
生活のようす			
産業 （特産物など）			
交流のようす			

地図帳の使い方（1）

名前

1 地図の上にあるカタカナは「列」を，左にある数字は「行」を表しています。

(1) 列のカタカナに青○を，行の数字に赤○をつけましょう。

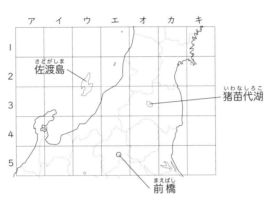

(2) 佐渡島（さどがしま）は「ウ　2」にあります。

① 猪苗代湖（いなわしろこ）はどこにありますか。

（　　　　　　　　　）

② 前橋（まえばし）はどこにありますか。

（　　　　　　　　　）

2 地図帳の後ろの方にあるさくいんのページを開き，「相生（あいおい）」というところを探しましょう。

(1) [　]の中は，相生のある県の名前です。

① 何県でしたか。　（　　　　　　　　　）県

② 右のほうに記号が三つあります。何と書いてありますか。

（　　　　　　　　　）

(2) 最初の数字は相生のあるページで，そのつぎは列と行です。示（しめ）されたページと記号で相生を探し，地図上の相生をよく観察しましょう。

① 相生には新幹線（しんかんせん）が通っています。何という新幹線ですか。

（　　　　　　　　　）新幹線

② 相生の海岸に立つと，たぶん島が見えるでしょう。何という島ですか。

（　　　　　　　　　）・西島

地図帳の使い方（2）

名前

● 地図帳の都道府県の統計（とうけい）のページで調べましょう。

(1) 開きの左右のはしには何が書いてありますか。

番号と（　　　　　　　　　）

(2) 自分の県（都・道・府）の面積と人口を調べましょう。

面積（　　　　　　　　　）km^2　　人口（　　　　　　　　　）万人

(3) 日本の面積と人口を調べましょう。

面積（　　　　　　　　　）km^2　　人口（　　　　　　　　　）万人

(4) 都道府県の面積で，広い順ベスト3を調べ，地図の中に赤で色をぬりましょう。

① （　　　　　　　）　② （　　　　　　　）

③ （　　　　　　　）

(5) 都道府県の面積で，せまい順ベスト3を調べ，地図の中に青で色をぬりましょう。

① （　　　　　　　）

② （　　　　　　　）

③ （　　　　　　　）

天気の変化 (1)

● 右のグラフは，朝から夕方にかけての気温の変化を記録したものです。下の問いに答えましょう。

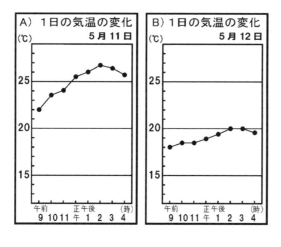

A) 1日の気温の変化　5月11日
(℃)

B) 1日の気温の変化　5月12日
(℃)

午前 9 10 11 正午 午後 1 2 3 4 (時)

(1) Aのグラフで，一番気温が高かったのは何時ですか。また，気温は何度ですか。

時間 （　　　　　）

温度 （　　　　　）

(2) グラフの温度の変化がゆるやかなのは，AとBのどちらですか。　　　　　　　　（　　　　　）

(3) 2つのグラフは，晴れの日と雨の日のものです。晴れの日のグラフはA，Bどちらでしょうか。　　（　　　　　）

(4) 2つのグラフを見て，正しい方を○で囲み，説明文を完成させましょう。

① 晴れの日の気温は，朝夕は（ 高く ・ 低く ），昼ごろに

（ 高く ・ 低く ）なり，一日の変化が大きい。

② 雨やくもりの日は，晴れの日にくらべて，気温は

（ あまり変化しない ・ はげしく変わる ）。

天気の変化 (2)

1 気温をはかるとき，温度計に直せつ日光を当てないのはどうしてですか。

（　　　　　　　　　　　　　　　　　　　　　　　　　　　）

2 下の絵には，百葉箱がかかれています。この箱の中には温度計があり，気温を正しくはかるためのくふうがしてあります。（ ）の中にあてはまることばを下の □ から選んで書きましょう。

① （　　　　　　　）から 1.2 ～ 1.5 ｍの高さに置いてある。

② （　　　　　　　）通しがよい。

③ えきだめに直せつ（　　　　　　　）が当たらないようになっている。

| 風　　　地面　　　日光 |

3 天気と1日の気温の変化は，関係があるのか調べます。次のうち，正しい文には○，まちがっている文には×をつけましょう。

（　　　）気温は，いつも同じ場所ではかる。

（　　　）気温は，ちがう場所ではかってもよい。

（　　　）晴れの日だけを調べる。

（　　　）晴れの日だけでなく，雨やくもりの日も調べる。

電気のはたらき（1）

名前

電気のはたらき（2）

名前

1　下の図の各部の名前を，下の　　から選んで（　）の中に書きましょう。

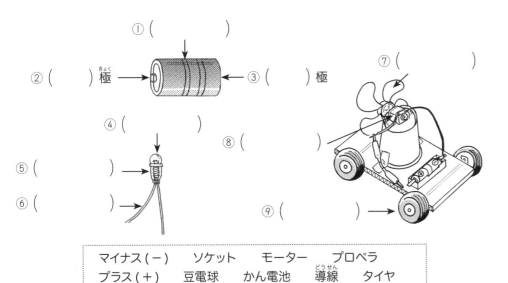

① (　　　　　)

② (　　　) 極　　　③ (　　　) 極

④ (　　　　　)

⑤ (　　　　　)

⑥ (　　　　　)

⑦ (　　　　　)

⑧ (　　　　　)

⑨ (　　　　　)

```
マイナス（−）　　ソケット　　モーター　　プロペラ
プラス（＋）　豆電球　　かん電池　　導線　　タイヤ
```

2　モーターとかん電池2つを使い，①，②にあうつなぎ方になるように線をかきましょう。

① 直列つなぎ

② へい列つなぎ

1　次のつなぎ方を見て，答えましょう。

① かん電池1このときよりも速く回るものに○，同じ速さになるものに△を書きましょう。

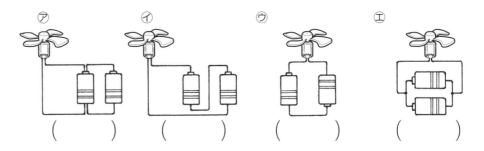

ア　　　　イ　　　　ウ　　　　エ

（　　）　（　　）　（　　）　（　　）

② ア，エのようなつなぎ方を何といいますか。（　　　　　）つなぎ

③ イ，ウのようなつなぎ方を何といいますか。（　　　　　）つなぎ

2　電気の通り道について，下の問いに答えましょう。

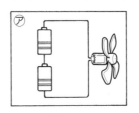　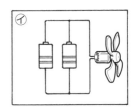

① アのかん電池を1ことると，モーターは回りますか，回りませんか。

（　　　　　　　　　　　　）

② イのかん電池を1ことると，モーターは回りますか，回りませんか。

（　　　　　　　　　　　　）

電気のはたらき（3）

● 次のつなぎ方は，かん電池の直列つなぎですか，へい列つなぎですか。
（ ）に書きましょう。

①

（　　　　　）つなぎ

②

（　　　　　）つなぎ

③

（　　　　　）つなぎ

④

（　　　　　）つなぎ

⑤

（　　　　　）つなぎ

⑥

（　　　　　）つなぎ

電気のはたらき（4）

● 下の表に，回路図記号を書き入れましょう。

名前	記号
かん電池	（＋）（－）
モーター	
豆電球	
スイッチ	
かんいけん流計	

電気のはたらき (5)

名前

● 下の図のように，モーターとかん電池をつないで回路をつくりました。

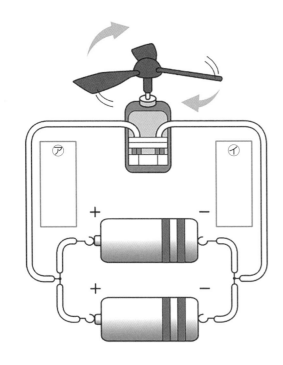

① モーターが回転しているとき，⑦と①では電流はどの向きに流れていますか。□の中に矢印を書きましょう。

② つなぎ方は変えずにかん電池の向きを変えると，電流の向きはどうなりますか。（　　　　　　　　）

③ ②のとき，モーターの回転の向きはどうなりますか。（　　　　　　　　）

空気や水のせいしつ (1)

名前

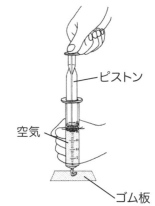

1 注しゃ器を使って，次のような実験をしました。

① ピストンを下に強くおしていくと，手ごたえはどうなりますか。

（　　　　　　　　　　　）

② 手をはなすと，ピストンはどうなりますか。

（　　　　　　　　　　　）

ピストン
空気
ゴム板

③ 空気のかわりに水を入れて，ピストンをおすと，どうなりますか。下から1つ選んで，○で囲みましょう。

（　空気と同じようにおせる　・　少しだけおせる　・　まったくおせない　）

2 空気でっぽうで，いろいろな実験をしました。図を見ながら，あてはまることばを下の□から選び，（　）に書きましょう。

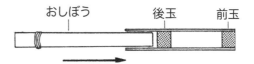

おしぼう　　後玉　　前玉

① 空気でっぽうで，おしぼうを（　　　　　　　）おしたら，前玉はよくとんだ。

② （　　　　　　　）がもれないように玉をつめたら，玉はよくとんだ。

③ 玉がとんだのは，（　　　　　　　　　　）られた空気が，もとに（　　　　　　　　　　）として，前玉をおしたからだ。

おしちぢめ	空気	強く	もどろう

空気や
水のせいしつ (2)

名
前

月　日

① 次の問題の正しい方に○をしましょう。

① 空気は, おしちぢめ (　られる　・　られない　)。

② 空気は, おしてはなすともとに (　もどる　・　もどらない　)。

③ 空気には, (　ネジ　・　バネ　) のようなせいしつがある。

② 空気と水のちがうところはどこですか。(　) に, あてはまることばを
□ から選んで書きましょう。

・空気は (　　　　　　　　) が, 水は (　　　　　　　　)。

> おしちぢめられる　　おしちぢめられない

③ 次の物は, 空気や水のせいしつを利用した道具です。

A (空気のせいしつを利用した物)
B (空気と水の両方のせいしつを利用した物)
C (水のせいしつを利用した物)

に分けて, (　) に記号を書きましょう。

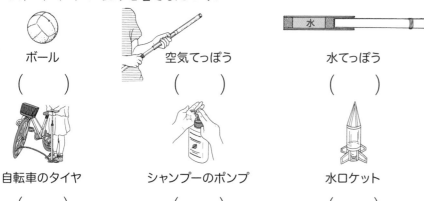

ボール
(　　　)

空気てっぽう
(　　　)

水てっぽう
(　　　)

自転車のタイヤ
(　　　)

シャンプーのポンプ
(　　　)

水ロケット
(　　　)

空気や
水のせいしつ (3)

名
前

月　日

① 空気と水のせいしつについて, 表にまとめました。あいているところに
あてはまることばを下の □ から選んで書きましょう。(同じことばを何度
使ってもよい。)

物の名前	体積があるか	重さがあるか	目に見えるか
空気			
水			

> 見える　　見えない　　ある　　ない

② 正しいことばを選んで, ○で囲みましょう。

① 空気はおしちぢめ (　られる　・　られない　) が,
水はおしちぢめ (　られる　・　られない　)。

② おしちぢめられた (　水　・　空気　) は, もとにもどろうとする
せいしつがある。

③ 空気てっぽうで, おしぼうを (　強く　・　弱く　) おすと,
前玉はよくとぶ。

116　(122%に拡大してご使用ください)

月と星（1）

名
前

① 夕方に見えた月の動きを調べました。月は，どちらへ動いていきましたか。
（　）に①〜③の記号を書きましょう。

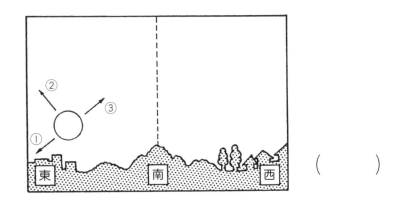

（　　）

② ⑦〜⑦の月の形を何とよぶでしょうか。下の［　］から選んで，（　）に
よび名を書きましょう。

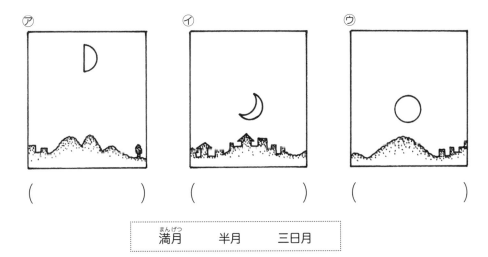

（　　　　　）　　（　　　　　）　　（　　　　　）

┌─────────────────────┐
│　満月　　半月　　三日月　│
└─────────────────────┘

月と星（2）

名
前

① 月について，正しく説明しているものに○を，まちがっているものに×をつ
けましょう。

① （　　） 月は，毎日同じ時こくに出ている。

② （　　） 月も太陽と同じように，東の方から出て，南の空を通り，
西の方にしずむ。

③ （　　） 夕方，西の空に見える三日月は，のぼってきたばかりである。

④ （　　） 月は，形に関係なく，東から出て，西にしずむ。

② 星についての説明です。正しい方を○で囲み，文を完成させましょう。

① 夜空に見える星は ｛ どれも同じ色　／　いろいろな色 ｝ をしている。

② 星の明るさは，｛ 明るいものや暗いものがある　／　どれも同じ明るさである ｝。

③ 星のならびを，ものや人物などの形にあてはめて，むすびつけたものを
｛ 星ざ　／　北極星 ｝ という。

月と星（3）

名前

月と星（4）

名前

① 南の方に見えた星は，時間がたつとどちらのほうへ動くでしょうか。
⑦～⑤の記号で答えましょう。

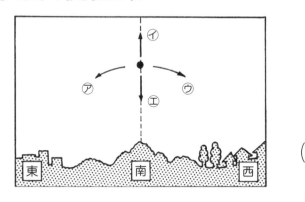

（　　　）

② 下の星のスケッチを見て，次の問いに答えましょう。

① 夜空のどの方向を見た
ときの図ですか。
東・西・南・北のどれかを
図の下の（　）に書きま
しょう。

② 図の中の，「北斗七星」の
7つの星を線でむすびま
しょう。

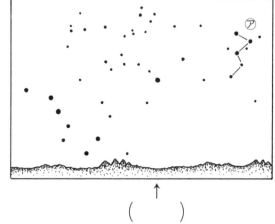

（　　　）

③ ⑦の星のならびを何ざといいますか。

（　　　　　　　　　）ざ

④ 上の図の中で，北極星はどの星ですか。○で囲みましょう。

● 7月7日の午後9時ごろ，東の空に明るい3つの星を見つけました。

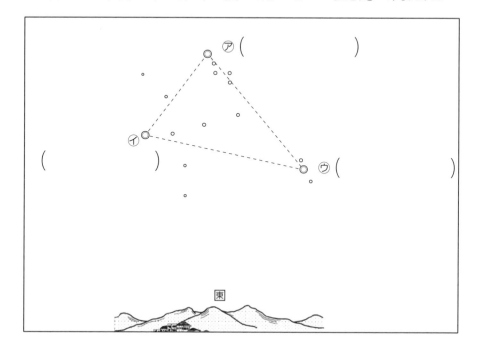

① この3つの星でできる大きな三角形を何とよびますか。

（　　　　　　　　　　　）

② 上の図で⑦，①，⑤の星の名前を（　）に書きこみましょう。

③ ⑦，①，⑤の星は何ざの星ですか。答えましょう。

⑦（　　　ざ）　①（　　　ざ）　⑤（　　　ざ）

鳥の名前や
楽器の名前だよ。

雨水のゆくえ（1）

名前

月　日

① 雨がふったあとの校庭で，水の流れたあとを調べて，わかったことをまとめました。（　）の中にあてはまることばを ⬚ から選んで書きましょう。
（同じことばを2度使ってもよい。）

① 水は（　　　　　　　）ところから（　　　　　　　）ところへ流れる。

② 水がたまるのは，最も（　　　　　　　）くぼ地などである。

③ しみこみ方の速いところは（　　　　　　　）であり，おそいところは
（　　　　　　　）である。

> 低い　　高い　　すな　　土

② 雨がふった次の日に外へ出ると，校庭の土には水たまりが残っていましたが，公園のすな場には水たまりはありませんでした。これはどうしてでしょうか。理由として正しい文に〇をつけましょう。

（　　）すな場のすなは，校庭の土よりもつぶが大きく，水がしみこむのがおそいから。

（　　）すな場のすなは，校庭の土よりもつぶが大きく，水がしみこむのがはやいから。

（　　）すな場のすなは，校庭の土よりもつぶが小さく，水がしみこむのがはやいから。

雨水のゆくえ（2）

名前

月　日

● 雨水のゆくえで学習したことを使って，次のことを説明しましょう。
（　）の中にあてはまることばを ⬚ から選んで書きましょう。
（同じことばを何度使ってもよい。）

① 晴れた日に，せんたく物がよくかわくのはどうしてですか。

せんたく物の（　　　　　　　）があたためられて（　　　　　　　）になり，
（　　　　　　　）の中に出ていくから。

② 水そうの水が日がたつとへっているのはどうしてですか。

水そうの水は，（　　　　　　　）から，少しずつ（　　　　　　　）の
中に出ていくから。

③ ぬれた地面がいつのまにかかわくのはどうしてですか。

（　　　　　　　）の（　　　　　　　）が少しずつ（　　　　　　　）の
中に出ていくから。

④ ①～③のことからわかることは何ですか。

水は（　　　　　　　）の中に出ていくと考えられる。

> 表面　　気体　　空気　　水分　　地面

雨水のゆくえ（3）

● 地面に水をまいたあと，しみこんだことをたしかめて，底（そこ）にとうめいの
入れ物をふせておきます。しばらくして，入れ物の中のようすを調べます。

> とうめいの入れ物の内側に水がついていました。

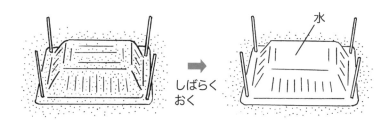

しばらく
おく

水

① この水はどこにあったものですか。正しい方に○をつけましょう。

（　　　）　地面

（　　　）　空気中

② ①の水が，⑦のような目に見えない
すがたに変（か）わったものを何と
いいますか。

（　　　　　　　　）

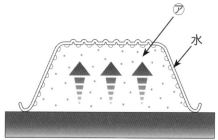

⑦

水

③ ひなたの地面とひかげの地面では，どちらの地面の方が入れ物によく
水がつきますか。

（　　　　　　　　　　）

人の体のつくりと 運動（1）

1 下の絵は，ヒトの手とうでです。
動くところに○をつけましょう。

2 下の絵はヒトの体のほねです。
動くところに○をつけましょう。
（指をのぞく）

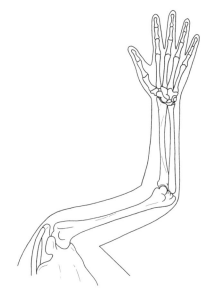

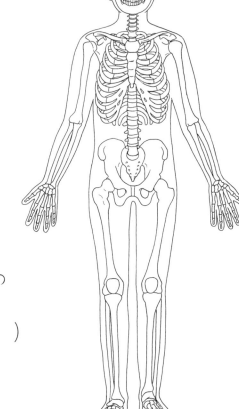

3 1と2で○をつけた，動くところの
ことを何といいますか。

（　　　　　　　　）

人の体のつくりと運動（2）

名
前

● 右の図はヒトの体のほねです。問題に答えましょう。

(1) ⑦〜⑦のからだの部分は何とよばれて
いますか。▭ から選んで書きましょう。

⑦　（　　　　　　　）

⑦　（　　　　　　　）

⑦　（　　　　　　　）

⑦　（　　　　　　　）

ひじ　頭　せぼね　ひざ　かた

(2) ⑦〜⑦のようにほねとほねをつなぐ
動く部分を何といいますか。
（　　　　　　　）

(3) ⑦〜⑦の動かすことができる部分のとくちょうが書いてあります。どの
部分のことをいっているのか，⑦〜⑦の記号で答えましょう。

① ぐるぐるといろいろな方向に回すことができる。　（　　　）

② かた方には曲げることができるが，もうかた方には曲げられない。
（　　　）（　　　）

③ 少しずつ曲げたり，ねじったりできる。　（　　　）

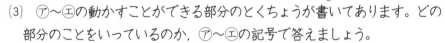

人の体のつくりと運動（3）

名
前

● 右の図は，うでの中のきん肉と
ほねのようすを表したものです。
下の問いに答えましょう。

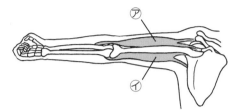

(1) 下の①〜③の図は，うでの
きん肉とほねのもけいです。
上のうでの図とくらべ，うでのもけいとしてよいものはどれですか。
（　）に番号を書きましょう。

（　　　　　　　）

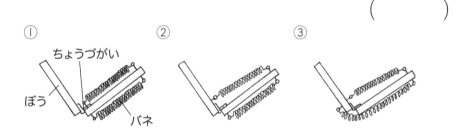

① ちょうづがい
ぼう
バネ
②
③

(2) 本当のうでのきん肉の両はしにあるけんは，何についていますか。
（　　　　　　　）

(3) 図の⑦がちぢむと，⑦はどうなりますか。
（　　　　　　　）

(4) そのとき，うではどうなりますか。
（　　　　　　　）

人の体のつくりと運動（4）

名前

① 下の図はニワトリ，フナ，ウサギの体のつくりです。正しく説明している文すべてに○をつけましょう。

① （　） ニワトリ，フナ，ウサギ，どれにもほねがある。

② （　） ニワトリ，フナ，ウサギ，どれにも足がある。

③ （　） ニワトリ，フナ，ウサギ，どれにもせぼねがある。

④ （　） ニワトリ，フナ，ウサギ，どれにも関節がある。

ニワトリ

フナ

ウサギ

② 次の文の（　）の中に，あてはまることばを▢から選んで書きましょう。

① 人の体にはたくさんの（　　　　　）があり，その周りに（　　　　　）がついている。

② きん肉が（　　　　　）たり，（　　　　　）だりすることで，うでは（　　　　　）の部分で曲がり，動く。

```
のび　　きん肉　　ほね　　関節　　ちぢん
```

温度とかさ（1）

名前

① 図のように，試験管の口にせっけん水のまくをつけます。試験管をあたためたり，冷やしたりして，まくがどうなるか調べます。

まく
せっけん水
冷やす　　あたためる
氷水　　　　　　　　お湯

① 正しいことばを選んで，○で囲みましょう。

せっけん水のまくは冷やすと（　ふくらみ　・　へこみ　），あたためると（　ふくらむ　・　へこむ　）。

② この実験から，わかることを文にまとめます。（　）の中にあてはまることばを書きましょう。

空気はあたためられると体積が（　　　　　）なり，冷やされると体積が（　　　　　）なります。

② 下の図は，水でぬれた1円玉をビンの口にのせ，りょう手でビンをおさえ，あたためているところです。しばらくすると，1円玉がカチカチと動きました。そのわけを，次の文の（　）に▢から選んだことばを入れ，説明しましょう。

ビンの中の空気が，りょう手で（　　　　　　　）れて，（　　　　）の体積が（　　　　　）なって，びんの外に出ようとして，1円玉を動かした。

```
冷やさ　　あたためら　　大きく　　小さく　　空気　　水
```

温度とかさ (2)

名前

月　日

● 下の図のように，空気を入れたペットボトルを，お湯と氷水に入れました。

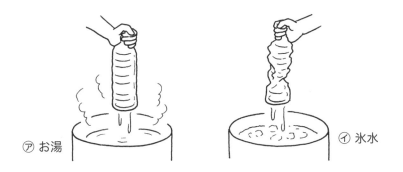

⑦ お湯　　　　　　　　　④ 氷水

①　ペットボトルがへこむのは，⑦，④のどちらですか。　　（　　　）

②　ペットボトルが少しふくらみ，かたくなるのは⑦，④の
　　どちらでしょうか。　　　　　　　　　　　　　　　　　（　　　）

③　この２つの実験の結果をまとめました。（　）にあてはまることばを下の
　　□から選んで書きましょう。

　　空気はあたためられると体積が（　　　　　　　）なり，冷やされると

　　体積が（　　　　　　　）なる。

> 大きく　　　小さく

温度とかさ (3)

名前

月　日

● 金ぞくの温度による体積の変わり方を調べる実験をしました。

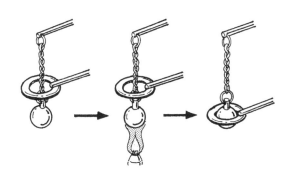

①　上の図のように，金ぞくの玉を熱したら，輪を通らなくなりました。
　　正しいものすべてに○をつけましょう。

　　⑦（　　　）玉を水につけて冷やすと，輪を通る。

　　④（　　　）玉を熱いままにしておくと，いつまでも輪を通らない。

　　⑦（　　　）輪を通るようにするには，玉をもっと熱くするとよい。

②　この実験の結果をまとめました。（　）にあてはまることばを下の□
　　から選んで書きましょう。

　　金ぞくは（　　　　　　　）によって，（　　　　　　　）が変わる。

> 重さ　　　体積　　　温度　　　電気

冬の星

● 冬の夜空をながめると，図のような星の集まりを見つけました。

① 星ざの名前は何ですか。

（　　　　　　　　　　　　）ざ

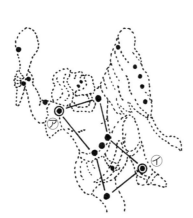

② 図の⑦と⑦の星の名前は何ですか。

⑦（　　　　　　　　　）

⑦（　　　　　　　　　）

③ 図の⑦と⑦の星の色は何色ですか。

⑦（　　　　　）色

⑦（　　　　　）色

④ （　）の中の正しい方に○をつけましょう。

　　時間がたつと，星ざのならび方は（　変わり　・　変わらず　），

　星ざの位置は（　変わる　・　変わらない　）。

物のあたたまり方 (1)

1 図のように，ろうをぬった金ぞく板のあたたまり方を調べました。「・」の部分をあたためたとき，どのようにあたたまっていきますか。例のようにかいてみましょう。

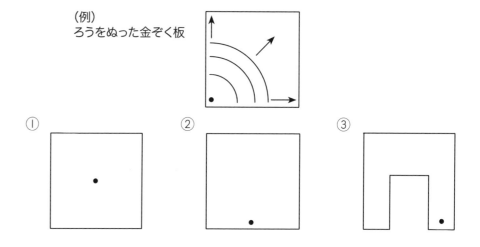

（例）
ろうをぬった金ぞく板

①　　　　　　②　　　　　　③

2 金ぞくぼうをあたためたとき，それぞれはやくあたたまる順（マッチぼうがたおれる順）に番号を書きましょう。

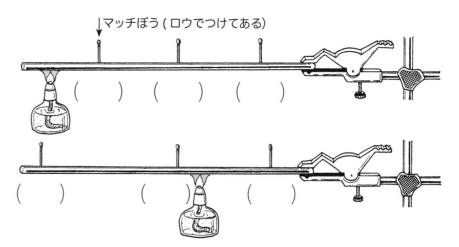

↓マッチぼう（ロウでつけてある）

（　）　（　）　（　）

（　）　　（　）　　（　）

① 右の図のように，試験管に水を入れ，あたためます。正しいものに○を
しましょう。

(1) 図1のように，水面近くをあたためたとき，　<図1>

① （　　） 上から下まで，あたたまる。

② （　　） 上だけあたたまる。

③ （　　） 下だけあたたまる。

(2) 図2のように，そこの部分をあたためたとき，　<図2>

① （　　） 上から下まで，あたたまる。

② （　　） 上だけあたたまる。

③ （　　） 下だけあたたまる。

② 試験管とビーカーに水を入れ，図のようにあたためました。あたたまり方で
正しいものに○をしましょう。

① 試験管

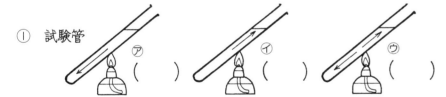

㋐（　　）　　㋑（　　）　　㋒（　　）

② ビーカー

㋐（　　）　㋑（　　）　㋒（　　）　㋓（　　）

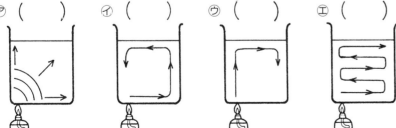

① ストーブを図のように，部屋において温度をはかり，あたたまり方を
調べました。

① 上の方と下の方では，
どちらがあたたかいですか。

（　　　　　　　　）

上の方
下の方

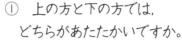

② ストーブを部屋のすみにおきました。部屋は，どのようにあたたまって
いきますか。下の図に→をかきましょう。

② 鉄板焼きをするとき，金ぞくへらを鉄板にのせたままにしてはいけない
のは，なぜですか。そのわけを書きましょう。

物の3つのすがた (1)

名前

● 下の実験の図は，ビーカーに水を入れ，アルミニウムはくでふたをして，熱して，水をわかしているところです。（　）にあてはまることばを　　から選んで書きましょう。（同じことばを2度使ってもよい。）

水じょう気（目に見えない）
湯気（目に見える）
水じょう気
あなを開ける
水じょう気
ふっとう石
金あみ

①　水を熱すると，ビーカーの中の水の量がへったのは，水が（　　　　　）したからである。

②　水を熱したときに水の中から出ているあわは，（　　　　　）である。

③　湯気は，水じょう気が（　　　　　），小さい（　　　）のつぶになったものである。

④　水がふっとうしているとき，水は，さかんに（　　　　）している。

> 水　　水じょう気　　じょう発　　あたためられて　　冷やされて

物の3つのすがた (2)

名前

● 下のグラフは，図のように試験管に水を入れたものを，食塩をまぜた氷の中に入れ，水の温度の変わり方を調べたものです。

食塩水
氷

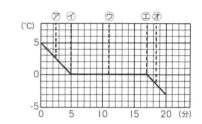

①　はじめの水の温度は，何度ですか。　　　　　　（　　　　　）℃

②　水が氷になりはじめたのは，⑦～⑦のどこですか。（　　　　　）

③　水が氷になりはじめたときの温度は，何度ですか。（　　　　　）℃

④　氷になりはじめたのは，実験をはじめてから何分後ですか。　　　　　　　　　　　　　　　　　　　（　　　　　）分後

⑤　水がすべて氷になるまで，温度はどうなっていますか。⑦，⑦の文のうち正しいものに○をつけましょう。

　　⑦（　　　）0℃のままで変わらない。　　⑦（　　　）ずっと温度は下がっている。

⑥　水がすべて氷になったのは，実験をはじめてから何分後ですか。
　　　　　　　　　　　　　　　　　　　　　（　　　　　）分後

⑦　すべて氷になると，温度はどうなりますか。正しいもの1つに○をつけましょう。

　　⑦（　　　）さらに下がる。　　⑦（　　　）さらに上がる。　　⑦（　　　）変わらない。

⑧　水が氷になると，体積はどうなりますか。正しいもの1つに○をつけましょう。

　　⑦（　　　）大きくなる。　　⑦（　　　）変わらない。　　⑦（　　　）小さくなる。

物の3つのすがた（3）

名前

1　下の①〜④の文の（　）の中にあてはまることばを □ から選んで書きましょう。

① 水は（　　　　）によって，水じょう気や氷に変わる。

② 水じょう気は目に見えない。水じょう気のようなようすを（　　　　）という。

③ 水は目に見える。水のようなようすを（　　　　）という。

④ 氷はかたまりである。氷のようなようすを（　　　　）という。

> 温度　　気体　　えき体　　固体

2　室温（約20度）のとき，㋐〜㋖を，気体，えき体，固体の3つのすがたになかまわけし，その番号を書きましょう。

① 気体（　　　　　　　　　　　　　　　）

② えき体（　　　　　　　　　　　　　　）

③ 固体（　　　　　　　　　　　　　　　）

> ㋐ 鉄　　㋑ サラダ油　　㋒ 木　　㋓ 空気
> ㋔ 石　　㋕ しょうゆ　　㋖ アルコール

物の3つのすがた（4）

名前

1　下の □ のことばを使い，温度と水のようすについてまとめましょう。（同じことばを2度使ってもよい。）

① 気体を冷やすと（　　　　　　　　）になり，もっと冷やすと

（　　　　　　　　）になる。

② 固体の氷を熱していくと，（　　　　　　　　）の水になり，もっと

熱していくと（　　　　　　　　）の水じょう気になる。

> 固体　　えき体　　気体

2　水の入ったペットボトルのラベルには，「こおらせないでください。」と書かれているものがあります。なぜですか。

P.4

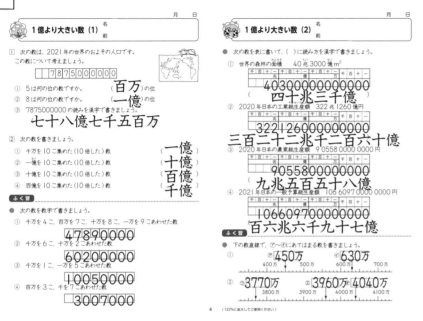

P.5

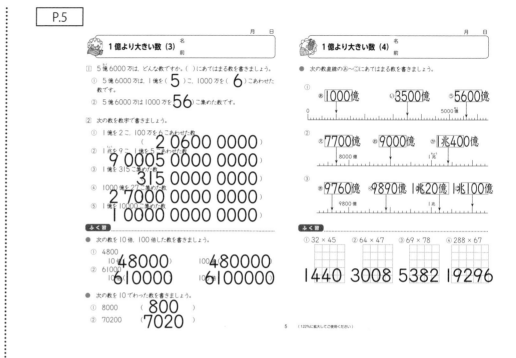

P.6

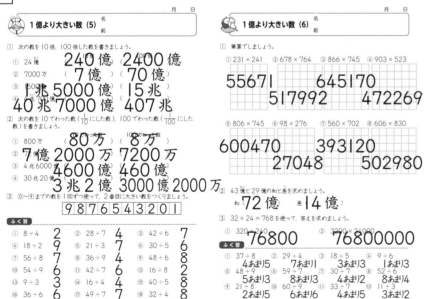

P.7

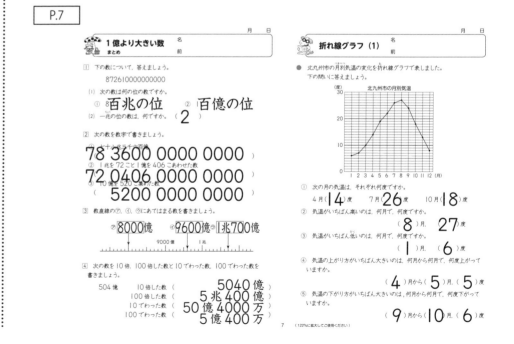

P.8

折れ線グラフ（2）

名前

月　日

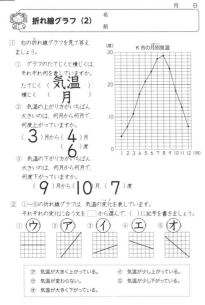

① 右の折れ線グラフを見て答えましょう。

K市の月別気温

① グラフのたてじくと横じくは，それぞれ何を表していますか。

たてじく（ 気温 ）
横じく（ 月 ）

② 気温の上がり方がいちばん大きいのは，何月から何月で，何度上がっていますか。

（ 3 ）から（ 4 ）月（ 6 ）度

③ 気温の下がり方がいちばん大きいのは，何月から何月で，何度下がっていますか。

（ 9 ）月から 10 月（ 7 ）度

② ①〜⑤の折れ線グラフは，気温の変化を表しています。それぞれの変化に合う文を □ から選んで，（ ）に記号を書きましょう。

①（ ウ ）②（ ア ）③（ イ ）④（ エ ）⑤（ オ ）

⑦ 気温が大きく上がっている。　　④ 気温が少し上がっている。
⑤ 気温が変わらない。　　⑤ 気温が少し下がっている。
⑦ 気温が大きく下がっている。

折れ線グラフ（3）

名前

月　日

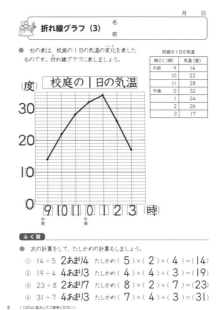

● 右の表は，校庭の１日の気温の変化を表したものです。折れ線グラフに表しましょう。

校庭の１日の気温

時こく（時）	気温（度）
午前 9	14
10	22
11	28
午後 0	32
1	34
2	26
3	17

（度）校庭の１日の気温

9 10 11 0 1 2 3（時）
午前　午後

● 次の計算をして，たしかめの計算もしましょう。

① 14÷5 2あまり4 たしかめ（ 5 ）×（ 2 ）+（ 4 ）=（14）
② 19÷4 4あまり3 たしかめ（ 4 ）×（ 4 ）+（ 3 ）=（19）
③ 23÷8 2あまり7 たしかめ（ 8 ）×（ 2 ）+（ 7 ）=（23）
④ 31÷7 4あまり3 たしかめ（ 7 ）×（ 4 ）+（ 3 ）=（31）

8　（122%に拡大してご使用ください）

P.9

折れ線グラフ（4）

名前

月　日

● 下のグラフは，みさきさんの身長の変化を表したものです。左側にかいたグラフを，右側の ～ を使ったグラフにかき直しましょう。

（cm）みさきさんの身長

（cm）みさきさんの身長

① ～ は何を表しています。

不必要なたてのめもりを省いている。

② があると，どんな良さがありますか。

変化の様子がよく分かるようになる。

①354＋432　②271＋685　③259＋346　④457＋178

786　956　605　635

折れ線グラフ（5）

名前

月　日

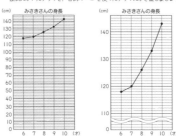

● 右のグラフは，大阪とサンパウロの１年間の気温の変化を折れ線グラフにしたものです。

（度）大阪とサンパウロの気温の変化

① 大阪とサンパウロで，いちばん気温差があるのは，何月で，その差は何度ですか。

（ 1 ）月，（ 15 ）度

② それぞれの都市で，いちばん気温の高い月といちばん低い月との差は何度ですか。

大阪　22 度
サンパウロ（ 7 ）度

③ 気温の変化が大きいのは，大阪とサンパウロのどちらですか。

（ 大阪 ）

①527＋885　②498＋706　③76＋947　④589＋9

1412　1204　1023　598

● まさきさんは，574円のいちごケーキと529円のチョコレートケーキを買いました。全部で何円になりましたか。

574＋529＝1103　答え 1103 円

9　（122%に拡大してご使用ください）

P.10

折れ線グラフ

まとめ

名前

月　日

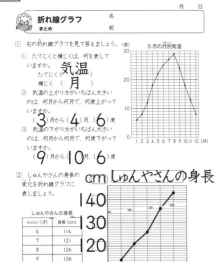

① 右の折れ線グラフを見て答えましょう。

S市の月別気温

① たてじくと横じくは，何を表していますか。

たてじく（ 気温 ）
横じく（ 月 ）

② 気温の上がり方がいちばん大きいのは，何月から何月で，何度上がっていますか。

（ 3 ）から（ 4 ）月，（ 6 ）度

③ 気温の下がり方がいちばん大きいのは，何月から何月で，何度下がっていますか。

（ 9 ）月から 10 月，（ 6 ）度

② しゅんやさんの身長の変化を折れ線グラフに表しましょう。

cm しゅんやさんの身長

しゅんやさんの身長

年れい（才）	身長（cm）
6	114
7	121
8	126
9	136
10	143

140
130
120
110
0
6 7 8 9 10（才）

整理のしかた（1）

名前

月　日

● 右の表は，A小学校の１週間のけが調べの記録です。

１週間のけが調べ

学年	場所	けがの種類	学年	場所	けがの種類
2	ろう下	すりきず	4	運動場	すりきず
3	体育館	打ぼく	6	体育館	打ぼく
6	教室	切りきず	3	運動場	切りきず
5	運動場	打ぼく	3	教室	打ぼく
1	運動場	切りきず	4	運動場	すりきず
4	体育館	打ぼく	1	教室	打ぼく
4	ろう下	打ぼく	1	ろう下	すりきず
3	運動場	すりきず	3	運動場	すりきず
5	ろう下	打ぼく	3	体育館	打ぼく
2	体育館	すりきず	2	体育館	すりきず

① けがをした場所とけがの種類の2つのことがらを1つの表にまとめてかきましょう。

けがをした場所とけがの種類（人）

場所＼けがの種類	切りきず	すりきず	打ぼく	合計
運動場	3	4	0	7
体育館	0	2	5	7
教室	1	0	1	2
ろう下	0	2	2	4
合計	4	8	8	20

② 運動場では，どんなけがをした人がいちばん多いですか。

（ すりきず ）

①875－243　②629－356　③731－284　④550－353

632　273　447　197

10　（122%に拡大してご使用ください）

P.11

整理のしかた（2）

名前

月　日

● 下の表は，ふみやさんの学校の１年間のけが調べの記録を，2つのことがらでまとめたものです。表を見て答えましょう。

けがをした場所とけがの種類（人）

場所＼けがの種類	切りきず	すりきず	打ぼく	ねんざ	合計
運動場	5	12	7	2	26
体育館	3	15	8	6	⑦
教室	5	6	2	0	13
ろう下	4	④	7	1	22
合計	17	43	24	⑨	⑩

① ⑦〜⑩にあてはまる数を書きましょう。

⑦（ 7 ）④（ 32 ）⑦（ 10 ）⑩（ 93 ）

② どこで何のけがをした人が，いちばん多いですか。

場所 体育館　けがの種類 すりきず

③ ろう下で打ぼくのけがをした人は，何人ですか。

（ 7 ）人

①408－129　②802－767　③500－197　④913－66

279　35　303　847

● 全部で206ページの本を読んでいます。148ページまで読みました。あと何ページで読み終わりますか。

206－148＝58　答え 58 ページ

整理のしかた（3）

名前

月　日

● 下の表は，4年生で，犬やねこをかっているかどうかを調べた結果です。

犬やねこをかっている人調べ（人）

＼犬	いる	いない	合計
ね いる	3	⑦	10
こ いない	④	15	24
合計	12	22	⑦

① ⑦〜⑨にあてはまる数を書きましょう。

⑦（ 7 ）④（ 9 ）⑨（ 34 ）

② ねこだけいる人は，全部で何人ですか。

（ 10 ）人

③ 犬をかっている人は，全部で何人ですか。

（ 12 ）人

④ 犬もねこもかっている人は，何人ですか。

（ 3 ）人

⑤ 表の15という数字は，何を表していますか。

犬もねこもかっていない人数

⑥ 調べた人数は，全部で何人ですか。

（ 34 ）人

①265－79　②306－88　③1364－757　④1008－349

186　218　607　659

11　（122%に拡大してご使用ください）

児童に実施させる前に，必ず指導される方が問題を解いてください。本書の解答は，あくまでも1つの例です。指導される方の作られた解答をもとに，本書の解答例を参考に児童の多様な考えに寄り添って○つけをお願いします。

P.12

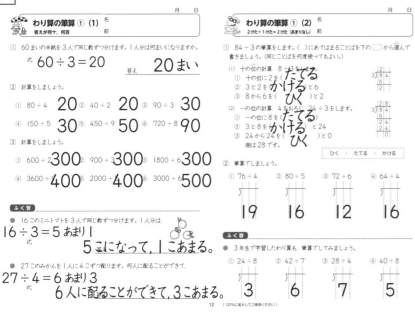

わり算の筆算 ①（1） 名　前
答えが何十，何百

① 60まいの半紙を3人で同じ数ずつ分けます。1人分は何まいになりますか。
式　60÷3＝20　答え　20まい

② 計算をしましょう。
① 80÷4　20　② 40÷2　20　③ 90÷3　30
④ 150÷5　30　⑤ 450÷9　50　⑥ 720÷8　90

③ 計算をしましょう。
① 600÷2　300　② 900÷3　300　③ 1800÷6　300
④ 3600÷9　400　⑤ 2000÷5　400　⑥ 3000÷6　500

ふく習
● 16このミニトマトを3人で同じ数ずつ分けます。1人分は
式　16÷3＝5あまり1
5こになって，1こあまる。
● 27このみかんを1人に4こずつ配ります。何人に配ることができて，
式　27÷4＝6あまり3
6人に配ることができて，3こあまる。

わり算の筆算 ①（2） 名　前
2けた÷1けた＝2けた（あまりなし）

① 84÷3の筆算をします。（　）にあてはまることばを下の□から選んで書きましょう。（同じことばを何度使ってもよい）
(1) 十の位の計算　8÷3をします。
① 十の位に2を（たてる）
② 3と2を（かける）と6
③ 8から6を（ひく）と2
(2) 一の位の計算　4をおろし24÷3をします。
① 一の位に8を（たてる）
② 3と8を（かける）と24
③ 24から24を（ひく）と0
商は28です。

ひく ・ たてる ・ かける

② 筆算でしましょう。
① 76÷4　19　② 80÷5　16　③ 72÷6　12　④ 64÷4　16

ふく習
● 3年生で学習したわり算も，筆算でしてみましょう。
① 24÷8　3　② 42÷7　6　③ 28÷4　7　④ 40÷8　5

P.13

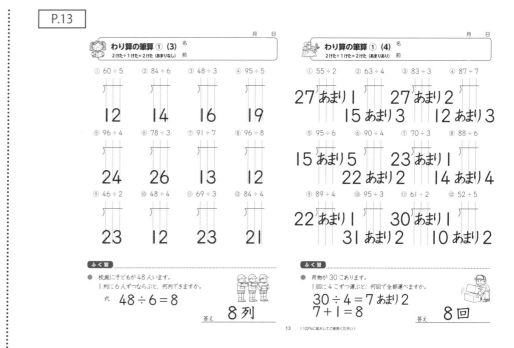

わり算の筆算 ①（3） 名　前
2けた÷1けた＝2けた（あまりなし）

① 60÷5　12　② 84÷6　14　③ 48÷3　16　④ 95÷5　19
⑤ 96÷4　24　⑥ 78÷3　26　⑦ 91÷7　13　⑧ 96÷8　12
⑨ 46÷2　23　⑩ 48÷4　12　⑪ 69÷3　23　⑫ 84÷4　21

ふく習
● 校庭に子どもが48人います。1列に6人ずつならぶと，何列できますか。
式　48÷6＝8　答え　8列

わり算の筆算 ①（4） 名　前
2けた÷1けた＝2けた（あまりあり）

① 55÷2　27あまり1　② 63÷4　15あまり3　③ 83÷3　27あまり2　④ 87÷7　12あまり3
⑤ 95÷6　15あまり5　⑥ 90÷4　22あまり2　⑦ 70÷3　23あまり1　⑧ 88÷6　14あまり4
⑨ 89÷4　22あまり1　⑩ 95÷3　31あまり2　⑪ 61÷2　30あまり1　⑫ 52÷5　10あまり2

ふく習
● 荷物が30あります。1回に4こずつ運ぶと，何回で全部運べますか。
式　30÷4＝7あまり2
7＋1＝8　答え　8回

P.14

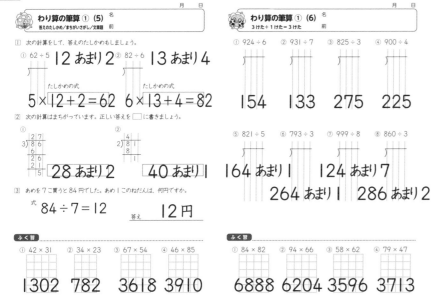

わり算の筆算 ①（5） 名　前
答えのたしかめ／まちがいさがし／文章題

① 次の計算をして，答えのたしかめもしましょう。
① 62÷5　12あまり2　② 82÷6　13あまり4
たしかめの式　5×12＋2＝62　たしかめの式　6×13＋4＝82

② 次の計算はまちがっています。正しい答えを□に書きましょう。
①　28あまり2　②　40あまり1

③ あめを7こ買うと84円でした。あめ1このねだんは，何円ですか。
式　84÷7＝12　答え　12円

ふく習
① 42×31　1302　② 34×23　782　③ 67×54　3618　④ 46×85　3910

わり算の筆算 ①（6） 名　前
3けた÷1けた＝3けた

① 924÷6　154　② 931÷7　133　③ 825÷3　275　④ 900÷4　225
⑤ 821÷5　164あまり1　⑥ 793÷7　124あまり7　⑦ 999÷8　264あまり1　⑧ 860÷3　286あまり2

ふく習
① 84×82　6888　② 94×66　6204　③ 58×62　3596　④ 79×47　3713

P.15

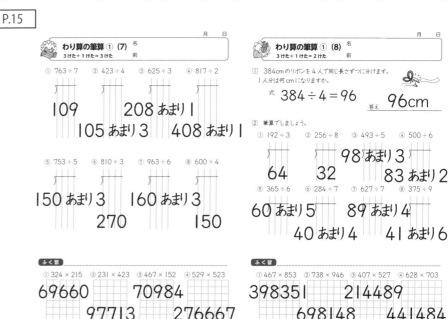

わり算の筆算 ①（7） 名　前
3けた÷1けた＝3けた

① 763÷7　109　② 423÷4　105あまり3　③ 625÷3　208あまり1　④ 817÷2　408あまり1
⑤ 753÷5　150あまり3　⑥ 810÷3　270　⑦ 963÷6　160あまり3　⑧ 600÷4　150

ふく習
① 324×215　69660　② 231×423　97713　③ 467×152　70984　④ 529×523　276667

わり算の筆算 ①（8） 名　前
3けた÷1けた＝2けた（あまりあり）

① 384cmのリボンを4人で同じ長さずつに分けます。1人分は何cmになりますか。
式　384÷4＝96　答え　96cm

② 筆算でしましょう。
① 192÷3　64　② 256÷8　32　③ 493÷5　98あまり3　④ 500÷6　83あまり2
⑤ 365÷6　60あまり5　⑥ 284÷7　40あまり4　⑦ 627÷7　89あまり4　⑧ 375÷9　41あまり6

ふく習
① 467×853　398351　② 738×946　698148　③ 407×527　214489　④ 628×703　441484

P.16

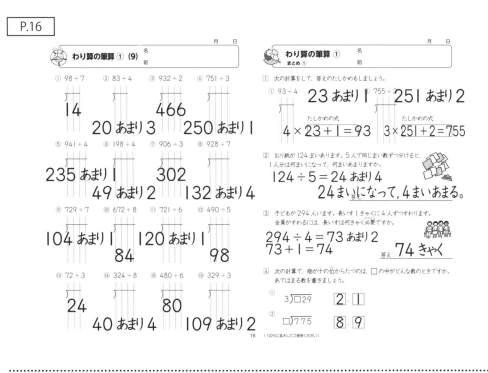

わり算の筆算 ① (9)

① 98÷7 → 14
② 83÷4 → 20 あまり 3
③ 932÷2 → 466
④ 751÷3 → 250 あまり 1

⑤ 941÷4 → 235 あまり 1
⑥ 198÷4 → 49 あまり 2
⑦ 906÷3 → 302
⑧ 928÷7 → 132 あまり 4

⑨ 729÷7 → 104 あまり 1
⑩ 672÷8 → 84
⑪ 721÷6 → 120 あまり 1
⑫ 490÷5 → 98

⑬ 72÷3 → 24
⑭ 324÷8 → 40 あまり 4
⑮ 480÷6 → 80
⑯ 329÷3 → 109 あまり 2

わり算の筆算 ① まとめ①

① 次の計算をして、答えのたしかめもしましょう。
① 93÷4 → 23 あまり 1
たしかめの式 4×23+1＝93
755÷3 → 251 あまり 2
たしかめの式 3×251+2＝755

② おり紙が124まいあります。5人で同じまい数ずつ分けると、1人分は何まいになって、何まいあまりますか。
124÷5＝24 あまり 4
答え 24まいになって、4まいあまる。

③ 子どもが294人います。長いす1きゃくに4人ずつすわります。全員がすわるには、長いすは何きゃく必要ですか。
294÷4＝73 あまり 2
73+1＝74
答え 74きゃく

④ 次の計算で、商が十の位からたつのは、□の中がどんな数のときですか。あてはまる数を書きましょう。
① 3)□29　2、1
② □)775　8、9

P.17

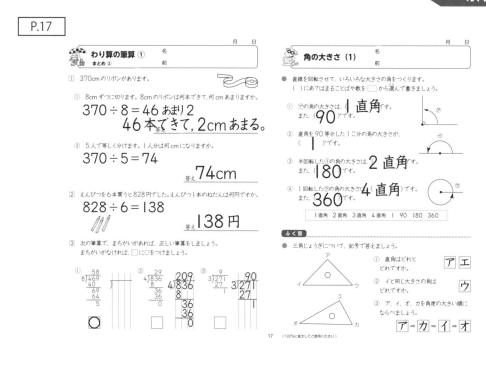

わり算の筆算 ① まとめ②

① 370cmのリボンがあります。
① 8cmずつに切ります。8cmのリボンは何本できて、何cmあまりますか。
370÷8＝46 あまり 2
答え 46本できて、2cmあまる。

② 5人で等しく分けます。1人分は何cmになりますか。
370÷5＝74
答え 74cm

② えんぴつを6本買うと828円でした。えんぴつ1本のねだんは何円ですか。
828÷6＝138
答え 138円

③ 次の筆算で、まちがいがあれば、正しい筆算をしましょう。まちがいがなければ、□に○をつけましょう。
① ○
② □
③ □

角の大きさ (1)

● 直線を回転させて、いろいろな大きさの角をつくります。
（ ）にあてはまることばや数を□から選んで書きましょう。

① ⑦の角の大きさは、1直角です。また、（90）°です。

② 直角を90等分した1こ分の角の大きさが、（1）°です。

③ 半回転した⑦の角の大きさは、2直角です。また、180°です。

④ 1回転した⑦の角の大きさは、4（直角）です。また、360°です。

| 1直角 2直角 3直角 4直角 1 90 180 360 |

ふく習
● 三角じょうぎについて、記号で答えましょう。
① 直角はどれとどれですか。　アエ
② イと同じ大きさの角はどれですか。　ウ
③ ア、イ、オ、カを角度の大きい順にならべましょう。
ア→カ→イ→オ

P.18

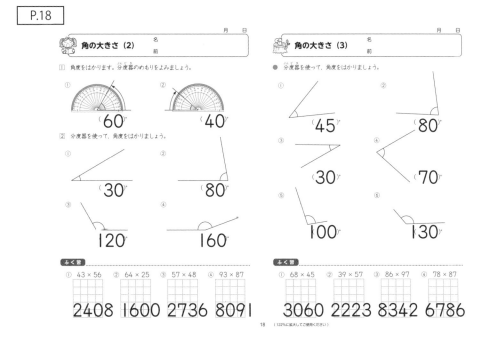

角の大きさ (2)

① 角度をはかります。分度器のめもりをよみましょう。
① 60° 　② 40°

② 分度器を使って、角度をはかりましょう。
① 30° 　② 80°
③ 120° 　④ 160°

角の大きさ (3)

● 分度器を使って、角度をはかりましょう。
① 45° 　② 80°
③ 30° 　④ 70°
⑤ 100° 　⑥ 130°

ふく習
① 43×56 → 2408
② 64×25 → 1600
③ 57×48 → 2736
④ 93×87 → 8091

ふく習
① 68×45 → 3060
② 39×57 → 2223
③ 86×97 → 8342
④ 78×87 → 6786

P.19

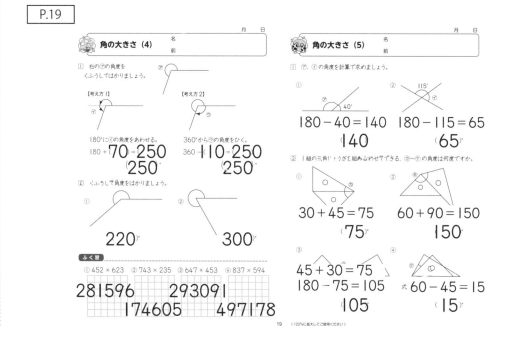

角の大きさ (4)

① 右の⑦の角度をくふうしてはかりましょう。
【考え方1】
180°に⑦の角度をあわせる。
180+70＝250
250°
【考え方2】
360°から⑦の角度をひく。
360-110＝250
250°

② くふうして角度をはかりましょう。
① 220° 　② 300°

角の大きさ (5)

① ⑦、①の角度を計算で求めましょう。
① 180-40＝140　140°
② 180-115＝65　65°

② 1組の三角じょうぎを組み合わせてできる、⑦〜⑦の角度は何度ですか。
① 30+45＝75　75°
② 60+90＝150　150°
③ 45+30＝75　180-75＝105　105°
④ 式 60-45＝15　15°

ふく習
① 452×623 → 281596
② 743×235 → 174605
③ 647×453 → 293091
④ 837×594 → 497178

児童に実施させる前に，必ず指導される方が問題を解いてください。本書の解答は，あくまでも1つの例です。指導される方の作られた解答をもとに，本書の解答例を参考に児童の多様な考えに寄り添って○つけをお願いします。

P.20

角の大きさ（6）　名前

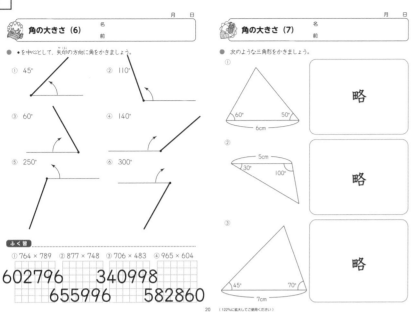

● •を中心として，矢印の方向に角をかきましょう。

① 45°　② 110°　③ 60°　④ 140°　⑤ 250°　⑥ 300°

ふく習

① 764 × 789　② 877 × 748　③ 706 × 483　④ 965 × 604

602796　340998
655996　582860

角の大きさ（7）　名前

● 次のような三角形をかきましょう。

① 60° 50° 6cm　略

② 5cm 30° 100°　略

③ 45° 70° 7cm　略

P.21

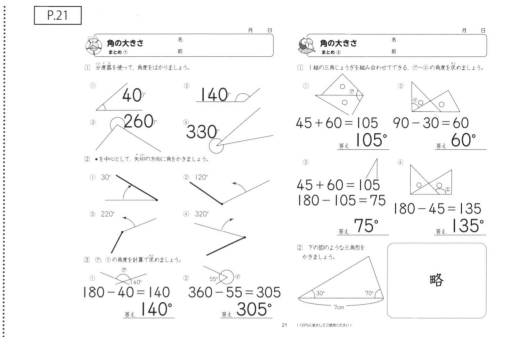

角の大きさ　まとめ①　名前

① 分度器を使って，角度をはかりましょう。

40°　140°　260°　330°

② •を中心として，矢印の方向に角をかきましょう。

① 30°　② 120°　③ 220°　④ 320°

③ ⑦，④の角度を計算で求めましょう。

① 180 − 40 = 140　答え 140°
② 360 − 55 = 305　答え 305°

角の大きさ　まとめ②　名前

① 1組の三角じょうぎを組み合わせてできる，⑦〜④の角度を求めましょう。

① 45 + 60 = 105　答え 105°
② 90 − 30 = 60　答え 60°
③ 45 + 60 = 105　180 − 105 = 75　答え 75°
④ 180 − 45 = 135　答え 135°

② 下の図のような三角形をかきましょう。

30° 70° 7cm　略

P.22

小数（1）　名前

① 水のかさをLを単位として，小数で表しましょう。

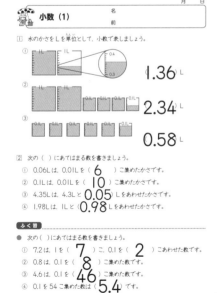

① 1.36 L
② 2.34 L
③ 0.58 L

② 次の（ ）にあてはまる数を書きましょう。

① 0.06Lは，0.01Lを（ 6 ）こ集めたかさです。
② 0.1Lは，0.01Lを（ 10 ）こ集めたかさです。
③ 4.35Lは，4.3Lと（ 0.05 ）Lをあわせたかさです。
④ 1.98Lは，1Lと（ 0.98 ）Lをあわせたかさです。

ふく習

● 次の（ ）にあてはまる数を書きましょう。

① 7.2は（ 7 ）こ，0.1を（ 2 ）こあわせた数です。
② 0.8は0.1を（ 8 ）こ集めた数です。
③ 4.6は0.1を（ 46 ）こ集めた数です。
④ 0.1を54こ集めた数は（ 5.4 ）です。

小数（2）　名前

① 2.374 という数について考えましょう。

① 3は，何が何こあることを表していますか。（ 0.1 ）が（ 3 ）こ
② 7は，何が何こあることを表していますか。（ 0.01 ）が（ 7 ）こ
③ 4は，何が何こあることを表していますか。（ 0.001 ）が（ 4 ）こ

② 次の（ ）にあてはまる数を書きましょう。

① 0.001mの3こ分は（ 0.003 ）mです。
② 0.001mの9こ分は（ 0.009 ）mです。
③ 0.008mは0.001mを（ 8 ）こ集めた長さです。
④ 0.01mは0.001mを（ 10 ）こ集めた長さです。

ふく習

● 下の数直線の①〜④のめもりが表す小数を書きましょう。

① 0.1　② 1.2　③ 1.9　④ 3.2

● （ ）にあてはまる数を書きましょう。

① 3L6dL = （ 3.6 ）L
② 4cm8mm = （ 4.8 ）cm
③ 1.8L = 1（ 8 ）dL
④ 0.6cm = （ 6 ）mm

P.23

小数（3）　名前

① 下の数直線の⑦〜④のめもりが表す長さは，何mですか。

5.488　5.498　5.506　5.514　5.523

② 次の長さを小数を使って，km単位で表しましょう。

① 2km471m = （ 2.471 ）km
② 4km680m = （ 4.68 ）km
③ 5km90m = （ 5.09 ）km
④ 925m = （ 0.925 ）km
⑤ 400m = （ 0.4 ）km
⑥ 65m = （ 0.065 ）km

③ 次の重さを小数を使って，kg単位で表しましょう。

① 3kg750g = （ 3.75 ）kg
② 1kg400g = （ 1.4 ）kg
③ 2kg80g = （ 2.08 ）kg
④ 720g = （ 0.72 ）kg
⑤ 95g = （ 0.095 ）kg
⑥ 5g = （ 0.005 ）kg

ふく習

① 3.6 + 4.7　② 2.8 + 5.2　③ 4.3 + 5　④ 9.2 + 0.8
8.3　8.0　9.3　10.0

● 1.8dLのコーヒーと0.5dLのミルクをあわせると，何dLになりますか。
1.8 + 0.5 = 2.3　答え 2.3dL

小数（4）　名前

① 1，0.1，0.01，0.001の関係について，□にあてはまる数を書きましょう。

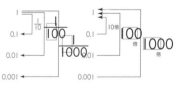

100　1000　100　1000

② 2.748 という数について，（ ）にあてはまる数を書きましょう。

① 2.748の$\frac{1}{1000}$の位の数は（ 8 ）です。
② 2.748の$\frac{1}{100}$の位の4は（ 0.01 ）が4こあることを表しています。
③ 2.748は，2.74と（ 0.008 ）をあわせた数です。

ふく習

① 7.1 − 2.5　② 5.5 − 3.5　③ 3 − 1.7　④ 3.8 − 3
4.6　2.0　1.3　0.8

● リボンが3.5mありました。2.6m使いました。残りは何mですか。
3.5 − 2.6 = 0.9　答え 0.9m

児童に実施させる前に，必ず指導される方が問題を解いてください。本書の解答は，あくまでも1つの例です。指導される方の作られた解答をもとに，本書の解答例を参考に児童の多様な考えに寄り添って○つけをお願いします。

解答

P.24

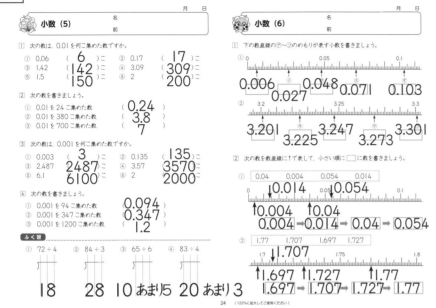

小数（5）　名前

① 次の数は、0.01を何こ集めた数ですか。
① 0.06　（ 6 ）こ　② 0.17　（ 17 ）こ
③ 1.42　（ 142 ）こ　④ 3.09　（ 309 ）こ
⑤ 1.5　（ 150 ）こ　⑥ 2　（ 200 ）こ

② 次の数を書きましょう。
① 0.01を24こ集めた数　（ 0.24 ）
② 0.01を380こ集めた数　（ 3.8 ）
③ 0.01を700こ集めた数　（ 7 ）

③ 次の数は、0.001を何こ集めた数ですか。
① 0.003　（ 3 ）こ　② 0.135　（ 135 ）こ
③ 2.487　（ 2487 ）こ　④ 3.57　（ 3570 ）こ
⑤ 6.1　（ 6100 ）こ　⑥ 2　（ 2000 ）こ

④ 次の数を書きましょう。
① 0.001を94こ集めた数　（ 0.094 ）
② 0.001を347こ集めた数　（ 0.347 ）
③ 0.001を1200こ集めた数　（ 1.2 ）

ふく習
① 72÷4　② 84÷3　③ 65÷6　④ 83÷4
18　28　10あまり5　20あまり3

小数（6）　名前

① 下の数直線の⑦～⑨のめもりが表す小数を書きましょう。
0.006　0.027　0.048　0.071　0.103
3.201　3.225　3.247　3.273　3.301

② 次の数を数直線に↑で表して、小さい順に □ に数を書きましょう。
0.014　0.054
0.004　0.04
0.004 → 0.014 → 0.04 → 0.054

1.707
1.697　1.727　1.77
1.697 → 1.707 → 1.727 → 1.77

P.25

小数（7）　名前

① 次の数を10倍、100倍した数を書きましょう。
　　　　　　　　　10倍　　　　　100倍
① 3.972　（ 39.72 ）　（ 397.2 ）
② 0.86　（ 8.6 ）　（ 86 ）
③ 1.5　（ 15 ）　（ 150 ）
④ 2.04　（ 20.4 ）　（ 204 ）

② 次の数を $\frac{1}{10}$、$\frac{1}{100}$ にした数を書きましょう。
　　　　　　　　　$\frac{1}{10}$　　　　　$\frac{1}{100}$
① 2.674　（ 0.2674 ）　（ 0.02674 ）
② 0.89　（ 0.089 ）　（ 0.0089 ）
③ 5　（ 0.5 ）　（ 0.05 ）
④ 30.2　（ 3.02 ）　（ 0.302 ）

ふく習
① 92÷4　② 57÷3　③ 91÷4　④ 95÷6
23　19　22あまり3　15あまり5

● 68このあめを、4人で同じ数ずつ分けます。1人分は何こになりますか。
式 68÷4＝17　答え 17こ

小数（8）　名前

● 次の数について、（ ）にあてはまる数を書きましょう。
(1) 8.092
① 8.092は、1を（ 8 ）こ、0.1を（ 0 ）こ、0.01を（ 9 ）こ、0.001を（ 2 ）こあわせた数です。
② 8.092は0.001を（ 8092 ）こ集めた数です。
③ 8.092を100倍した数は（ 809.2 ）です。
④ 8.092を $\frac{1}{100}$ にした数は 0.08092 です。

(2) 0.798
① 0.798は、0.001を（ 798 ）こ集めた数です。
② 0.798を100倍した数は（ 79.8 ）です。
③ 0.798を $\frac{1}{100}$ にした数は 0.00798 です。
④ 0.798は、0.8よりも 0.002 小さい数です。

ふく習
① 73÷2　② 93÷7　③ 70÷5　④ 80÷6
36あまり1　23あまり1　13あまり2　13あまり2

● 86このびわを、6こずつ箱に入れます。6こ入りの箱は何箱できますか。
86÷6＝14あまり2　答え 14箱

P.26

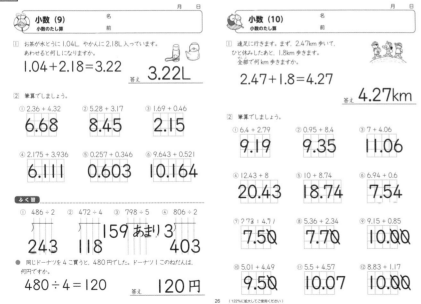

小数（9）　小数のたし算　名前

① お茶が水とうに1.04L、やかんに2.18L入っています。あわせると何Lになりますか。
1.04＋2.18＝3.22　答え 3.22L

② 筆算でしましょう。
① 2.36＋4.32　② 5.28＋3.17　③ 1.69＋0.46
6.68　8.45　2.15
④ 2.175＋3.936　⑤ 0.257＋0.346　⑥ 9.643＋0.521
6.111　0.603　10.164

ふく習
① 486÷2　② 472÷4　③ 798÷5　④ 806÷2
243　118　159あまり3　403

● 同じドーナツを4こ買うと、480円でした。ドーナツ1このねだんは、何円ですか。
480÷4＝120　答え 120円

小数（10）　小数のたし算　名前

① 遠足に行きます。まず、2.47km歩いて、ひと休みしたあと、1.8km歩きます。全部で何km歩きますか。
2.47＋1.8＝4.27　答え 4.27km

② 筆算でしましょう。
① 6.4＋2.79　② 0.95＋8.4　③ 7＋4.06
9.19　9.35　11.06
④ 12.43＋8　⑤ 10＋8.74　⑥ 6.94＋0.6
20.43　18.74　7.54
⑦ 2.73＋4.77　⑧ 5.36＋2.34　⑨ 9.15＋0.85
7.50　7.70　10.00
⑩ 5.01＋4.49　⑪ 5.5＋4.57　⑫ 8.83＋1.17
9.50　10.07　10.00

P.27

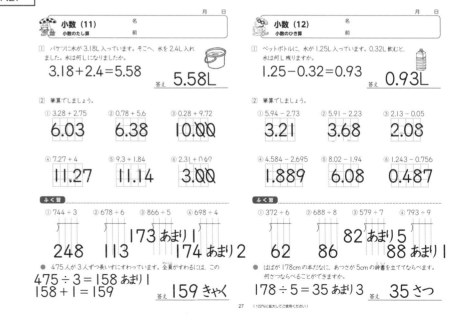

小数（11）　小数のたし算　名前

① バケツに水が3.18L入っています。そこへ、水を2.4L入れました。水は何Lになりましたか。
3.18＋2.4＝5.58　答え 5.58L

② 筆算でしましょう。
① 3.28＋2.75　② 0.78＋5.6　③ 0.28＋9.72
6.03　6.38　10.00
④ 7.27＋4　⑤ 9.3＋1.84　⑥ 2.31＋0.69
11.27　11.14　3.00

ふく習
① 744÷3　② 678÷6　③ 866÷5　④ 698÷4
248　113　173あまり1　174あまり2

● 475人が3人ずつ長いすにすわっています。全員がすわるには、この長いすは何きゃくいりますか。
475÷3＝158あまり1
158＋1＝159　答え 159きゃく

小数（12）　小数のひき算　名前

① ペットボトルに、水が1.25L入っています。0.32L飲むと、水は何L残りますか。
1.25－0.32＝0.93　答え 0.93L

② 筆算でしましょう。
① 5.94－2.73　② 5.91－2.23　③ 2.13－0.05
3.21　3.68　2.08
④ 4.584－2.695　⑤ 8.02－1.94　⑥ 1.243－0.756
1.889　6.08　0.487

ふく習
① 372÷6　② 688÷8　③ 579÷7　④ 793÷9
62　86　82あまり5　88あまり1

● はばが178cmの本だなに、あつさが5cmの辞書を立ててならべます。何さつならべることができますか。
178÷5＝35あまり3　答え 35さつ

P.28

小数（13）小数のひき算 名前

① りょうさんは，2.5kg くりを拾いました。弟は，1.76kg 拾いました。りょうさんは，弟より何 kg 多く拾いましたか。

$$2.5-1.76=0.74$$

答え 0.74kg

② 筆算でしましょう。

① 5.27 − 4.59　　② 20.34 − 4.26　　③ 1.527 − 0.694

0.68　　　　16.08　　　　0.833

④ 5.54 − 3.74　　⑤ 1.66 − 0.96　　⑥ 4.59 − 1.9

1.80　　　　0.70　　　　2.69

⑦ 2.04 − 1.3　　⑧ 4.923 − 4.8　　⑨ 4.2 − 1.57

0.74　　　　0.123　　　　2.63

⑩ 12.5 − 1.94　　⑪ 5 − 0.55　　⑫ 1 − 0.023

10.56　　　4.45　　　　0.977

小数（14）小数のひき算 名前

① みさきさんは，走りはばとびで，ちょうど 3m とびました。はるかさんの記録は，みさきさんより 0.28m 短かったです。はるかさんがとんだのは，何 m ですか。

$$3-0.28=2.72$$

答え 2.72m

② 筆算でしましょう。

① 1.049 − 0.259　　② 5.68 − 5.6　　③ 4.3 − 1.27

0.790　　　　0.08　　　　3.03

④ 10 − 1.03　　⑤ 3.06 − 2.1　　⑥ 5 − 4.55

8.97　　　　0.96　　　　0.45

ふく習

① 8456 ÷ 7　　② 5911 ÷ 3　　③ 3700 ÷ 4　　④ 5000 ÷ 8

1208　　925　　1970 あまり1　　625

28　（122%に拡大してご使用ください）

P.29

小数 まとめ① 名前

① 次のかさは何 L ですか。

①　　　　　　　　②

1.26 L　　　　0.38 L

② 次の（　）にあてはまる数を書きましょう。

① 7.258 は，1 を（7）こ，0.1 を（2）こ，0.01 を（5）こ，0.001 を（8）こあわせた数です。

② 7.258 は，0.001 を（7258）こ集めた数です。

③ 0.01 を 35 こ集めた数は（0.35）です。

④ 0.01 を 240 こ集めた数は（2.4）です。

⑤ 6.3 は，0.01 を（630）こ集めた数です。

③ 次の重さを，kg 単位で表しましょう。

① 1kg600g =（1.6）kg

② 320g =（0.32）kg

④ 数直線の⑦〜⑦のめもりが表す小数を書きましょう。

0.004　0.035　0.071　0.103

小数 まとめ② 名前

① （　）にあてはまる数を書きましょう。

① 0.27 を 10 倍した数は（2.7）です。

② 3.02 を 100 倍した数は（302）です。

③ 4.3 を $\frac{1}{10}$ にした数は（0.43）です。

④ 6 を $\frac{1}{100}$ にした数は（0.06）です。

② たくみさんのロープは，4.2m です。弟のロープは，3.85m です。

① 2 人のロープをあわせると，何 m になりますか。

$$4.2+3.85=8.05$$ 答え 8.05m

② 2 人のロープの長さのちがいは，何 m ですか。

$$4.2-3.85=0.35$$ 答え 0.35m

③ 筆算でしましょう。

① 3.75 + 4.96　　② 9.24 + 0.86　　③ 0.3 + 0.85

8.71　　　10.10　　　1.15

④ 5.02 − 4.23　　⑤ 4.7 − 1.89　　⑥ 6 − 0.78

0.79　　　2.81　　　5.22

29　（122%に拡大してご使用ください）

P.30

わり算の筆算②（1）何十でわるわり算 名前

① 40 円で 20 円のあめを買います。何こ買えますか。

$$40÷20=2$$ 答え 2こ

② 計算をしましょう。

① 60 ÷ 30　　② 80 ÷ 20　　③ 90 ÷ 90

2　　　　4　　　　1

③ 70 ÷ 20 = 3 あまり 10　何円あまりますか。

3 こ買えて，10 円あまる。

④ 計算をしましょう。

① 90 ÷ 40　　② 80 ÷ 30　　③ 60 ÷ 50

2 あまり 10　　2 あまり 20　　1 あまり 10

ふく習

① 4.56 + 2.41　② 3.78 + 2.82　③ 0.73 + 4.28　④ 4.86 + 2.5

6.97　　6.60　　5.01　　7.36

● 小学校にある鉄ぼうの高さは，1.25m です。高鉄ぼうの高さは，小学校にある鉄ぼうより 0.48m 高いです。高鉄ぼうの高さは，何 m ですか。

$$1.25+0.48=1.73$$ 答え 1.73m

わり算の筆算②（2）2けた÷2けた＝1けた（修正なし）名前

① 86 ÷ 21 の筆算をします。（　）にあてはまることばや数を下の □ から選んで書きましょう。（同じことばや数を何度使ってもよい。）

① （一）の位に商をたてる。
　86 ÷ 21 を 80 ÷ 20 と考えて，（4）をたてる。

② 21 と（4）をかける

③ 86 から（84）をひく。

④ 答えは（4）あまり（2）となる。

100÷20　80÷20　84　21　4　2　たす　かける

② 筆算でしましょう。

① 64 ÷ 32　　② 69 ÷ 23　　③ 89 ÷ 22　　④ 69 ÷ 34

2　　　3　　　4 あまり 1　　2 あまり 1

ふく習

① 0.78 + 0.31　② 8.5 + 0.63　③ 5 + 6.24　④ 2.76 + 4.24

1.09　　9.13　　11.24　　7.00

● やかんに水が，3.7L 入っています。水を 0.35L 加えると，何 L になりますか。

$$3.7+0.35=4.05$$ 答え 4.05L

30　（122%に拡大してご使用ください）

P.31

わり算の筆算②（3）2けた÷2けた＝1けた（修正なし）名前

① 93 ÷ 31　　② 99 ÷ 33　　③ 84 ÷ 21　　④ 55 ÷ 11

3　　　3　　　4　　　5

⑤ 68 ÷ 22　　⑥ 69 ÷ 32　　⑦ 86 ÷ 41　　⑧ 86 ÷ 32

3 あまり 2　　2 あまり 5　　2 あまり 4　　2 あまり 22

⑨ 79 ÷ 24　　⑩ 94 ÷ 47　　⑪ 75 ÷ 25　　⑫ 74 ÷ 35

3 あまり 7　　2　　　3　　　2 あまり 4

ふく習

① 7.56 − 2.31　② 6.03 − 2.74　③ 9.12 − 3.6　④ 5.43 − 5

5.25　　3.29　　5.52　　0.43

わり算の筆算②（4）2けた÷2けた＝1けた（修正なし）名前

● 次の計算をして，答えのたしかめもしましょう。

① 75 ÷ 34　　② 89 ÷ 21　　③ 37 ÷ 12

2 あまり 7　　4 あまり 5　　3 あまり 1

（例）たしかめ　　　たしかめ　　　たしかめ
34 × 2 + 7 = 75　21 × 4 + 5 = 89　12 × 3 + 1 = 37

④ 98 ÷ 24　　⑤ 55 ÷ 22　　⑥ 83 ÷ 20

4 あまり 2　　2 あまり 11　　4 あまり 3

たしかめ　　　たしかめ　　　たしかめ
24 × 4 + 2 = 98　22 × 2 + 11 = 55　20 × 4 + 3 = 83

ふく習

① 4.7 − 1.58　② 9.1 − 2.66　③ 4 − 0.93　④ 2 − 1.55

3.12　　6.44　　3.07　　0.45

● リボンが 6m ありました。かざりに使ったので，残りが 0.45m になりました。かざりに何 m 使いましたか。

$$6-0.45=5.55$$ 答え 5.55m

31　（122%に拡大してご使用ください）

P.32

わり算の筆算 ② (5)
2けた÷2けた＝1けた（修正あり）

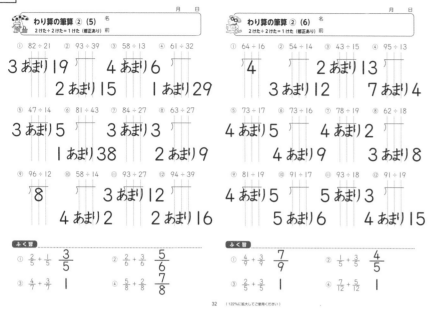

① 82÷21　② 93÷39　③ 58÷13　④ 61÷32
3あまり19　4あまり6　2あまり15　1あまり29

⑤ 47÷14　⑥ 81÷43　⑦ 84÷27　⑧ 63÷27
3あまり5　3あまり3　1あまり38　2あまり9

⑨ 96÷12　⑩ 58÷14　⑪ 93÷27　⑫ 94÷39
8　3あまり12　4あまり2　2あまり16

ふく習
① $\frac{2}{5} + \frac{1}{5}$　$\frac{3}{5}$　② $\frac{2}{6} + \frac{3}{6}$　$\frac{5}{6}$
③ $\frac{4}{7} + \frac{3}{7}$　1　④ $\frac{5}{8} + \frac{2}{8}$　$\frac{7}{8}$

わり算の筆算 ② (6)
2けた÷2けた＝1けた（修正あり）

① 64÷16　② 54÷14　③ 43÷15　④ 95÷13
4　2あまり13　3あまり12　7あまり4

⑤ 73÷17　⑥ 73÷16　⑦ 78÷19　⑧ 62÷18
4あまり5　4あまり2　4あまり9　3あまり8

⑨ 81÷19　⑩ 91÷17　⑪ 93÷18　⑫ 91÷19
4あまり5　5あまり3　5あまり6　4あまり15

ふく習
① $\frac{4}{9} + \frac{3}{9}$　$\frac{7}{9}$　② $\frac{2}{5} + \frac{3}{5}$　$\frac{4}{5}$
③ $\frac{2}{5} + \frac{3}{5}$　1　④ $\frac{7}{12} + \frac{5}{12}$　1

32　(122%に拡大してご使用ください)

P.33

わり算の筆算 ② (7)
2けた÷2けた＝1けた

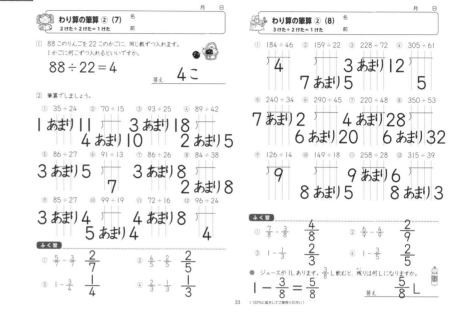

① 88このりんごを22このかごに，同じ数ずつ入れます。
1かごに何こずつ入れるといいですか。
$88 \div 22 = 4$　　　答え　4こ

② 筆算でしましょう。
① 35÷24　② 70÷15　③ 93÷25　④ 89÷42
1あまり11　3あまり18　4あまり10　2あまり5

⑤ 86÷27　⑥ 91÷13　⑦ 86÷26　⑧ 84÷38
3あまり5　7　3あまり8　2あまり8

⑨ 85÷27　⑩ 99÷12　⑪ 72÷16　⑫ 96÷24
3あまり4　4あまり8　4あまり8　4
5あまり4

ふく習
① $\frac{5}{7} - \frac{3}{7}$　$\frac{2}{7}$　② $\frac{4}{5} - \frac{2}{5}$　$\frac{2}{5}$
③ $1 - \frac{3}{4}$　$\frac{1}{4}$　④ $\frac{2}{3} - \frac{1}{3}$　$\frac{1}{3}$

わり算の筆算 ② (8)
3けた÷2けた＝1けた

① 184÷46　② 159÷22　③ 228÷72　④ 305÷61
4　3あまり12　7あまり5　5

⑤ 240÷34　⑥ 290÷45　⑦ 220÷48　⑧ 350÷53
7あまり2　4あまり28　6あまり20　6あまり32

⑨ 126÷14　⑩ 149÷18　⑪ 258÷28　⑫ 315÷39
9　9あまり6　8あまり5　8あまり3

ふく習
① $\frac{7}{8} - \frac{3}{8}$　$\frac{4}{8}$　② $\frac{6}{9} - \frac{4}{9}$　$\frac{2}{9}$
③ $1 - \frac{1}{3}$　$\frac{2}{3}$　④ $1 - \frac{3}{5}$　$\frac{2}{5}$

● ジュースが1Lあります。$\frac{3}{8}$L飲むと，残りは何Lになりますか。
$1 - \frac{3}{8} = \frac{5}{8}$　　答え　$\frac{5}{8}$L

33　(122%に拡大してご使用ください)

P.34

わり算の筆算 ② (9)
3けた÷2けた＝2けた

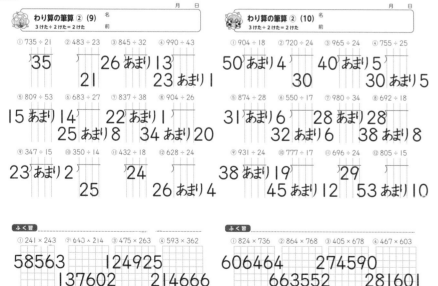

① 735÷21　② 483÷14　③ 845÷32　④ 990÷32
35　26あまり13　21　23あまり1

⑤ 809÷53　⑥ 683÷27　⑦ 837÷38　⑧ 904÷26
15あまり14　22あまり1　25あまり8　34あまり20

⑨ 347÷15　⑩ 350÷14　⑪ 432÷18　⑫ 628÷24
23あまり2　25　24　26あまり4

ふく習
① 241×243　② 643×214　③ 475×263　④ 593×362
58563　124925　137602　214666

わり算の筆算 ② (10)
3けた÷2けた＝2けた

① 904÷18　② 720÷24　③ 965÷24　④ 755÷24
50あまり4　40あまり5　30　30あまり5

⑤ 874÷28　⑥ 550÷17　⑦ 980÷34　⑧ 692÷18
31あまり6　28あまり28　32あまり6　38あまり8

⑨ 931÷24　⑩ 777÷17　⑪ 696÷24　⑫ 805÷15
38あまり19　29　45あまり12　53あまり10

ふく習
① 824×736　② 864×768　③ 405×678　④ 467×603
606464　274590　663552　281601

34　(122%に拡大してご使用ください)

P.35

わり算の筆算 ② (11)

① 筆算でしましょう。
① 678÷27　② 270÷28　③ 409÷16　④ 729÷36
25あまり3　25あまり9　9あまり18　20あまり9

⑤ 169÷13　⑥ 528÷15　⑦ 629÷21　⑧ 986÷34
13　29あまり20　35あまり3　29

⑨ 942÷314　⑩ 1548÷312　⑪ 5500÷125　⑫ 7344÷216
3　5あまり38　44　34

② 次の筆算でまちがいがあれば，正しく計算しましょう。
① 13)76　② 15)89　③ 32)802　

わり算の筆算 ② (12)

① わり算のせいしつを使って，次の計算をしましょう。
① 90÷30　3　② 120÷30　4　③ 800÷200　4
④ 1200÷300　4　⑤ 4000÷800　5　⑥ 5400÷600　9

② くふうして筆算しましょう。また，あまりも求めましょう。
① 1700÷500　② 2500÷300　③ 6000÷900
3あまり200　8あまり100　6あまり600

③ 商が1けたになるのは，□がどんな数のときですか。
あてはまる数を書きましょう。
① 6□)678　② 32)3□4
8・9　1・0

④ 9m＝900cm
$900 \div 32 = 28$あまり4
28本とれて，4cmあまる。

35　(122%に拡大してご使用ください)

135

P.36

わり算の筆算②　まとめ　名前

① 筆算しましょう。
① 56÷14　② 65÷28　③ 146÷17　④ 186÷12
4　　　2 あまり 9　　8 あまり 10　　15 あまり 6
⑤ 368÷24　⑥ 205÷24　⑦ 732÷36　⑧ 1570÷314
15 あまり 8　　8 あまり 13　　20 あまり 12　　5

② 1こ85円のおかしを何こか買うと，代金が680円でした。
おかしを何こ買いましたか。
680÷85＝8
答え　8こ

③ くりが372こあります。18人で同じ数ずつ分けます。

372÷18＝20 あまり 12
20こになって，12こあまる。

④ 320÷16と同じ答えになる式を⑦〜⑦から選んで，□に記号を書きましょう。
⑦ 32000÷160　⑦ 3200÷160
⑦ 320000÷16000　⑦ 3200÷1600
①・⑦

わり算の筆算②　まとめ　名前

① 筆算しましょう。
① 529÷23　② 84÷14　③ 396÷13　④ 318÷38
23　　6　　30 あまり 6　　8 あまり 14
⑤ 102÷19　⑥ 704÷28　⑦ 466÷18　⑧ 7319÷215
5 あまり 7　　25　　25 あまり 16　　34 あまり 9

② 次の筆算でまちがいがあれば，正しく計算しましょう。
まちがいがなければ，□に○をつけましょう。
①　30 → 27)816 …27 あまり6 … 81 →　□
②　○
③　48 720 720 0 …15)720…60 120 120 0

③ 商が2けたになるのは，□がどんな数のときですか。
あてはまる数を書きましょう。
27)□24　→ 7 8 9
3□)327　→ 0 1 2

36　(122%に拡大してご使用ください)

P.37

倍の見方（1）　名前

① 緑のテープの長さは，4mです。赤のテープの長さは，12mです。
赤のテープの長さは，緑のテープの長さの何倍ですか。

緑のテープ 4m
赤のテープ 12m

式　12÷4＝3
答え　3倍

② はるかさんは，どんぐりを24こ拾いました。たいちさんは，6こ拾いました。はるかさんは，たいちさんの何倍拾いましたか。
式　24÷6＝4
答え　4倍

③ 子犬の体重は，4kgです。親犬の体重は，20kgです。
親犬の体重は，子犬の体重の何倍ですか。
式　20÷4＝5
答え　5倍

ふく習
① $\frac{3}{7}+\frac{2}{7}$　$\frac{5}{7}$　② $\frac{5}{8}+\frac{3}{8}$　1
③ $\frac{4}{9}+\frac{4}{9}$　$\frac{8}{9}$　④ $\frac{1}{5}+\frac{4}{5}$　1

倍の見方（2）　名前

① 白のリボンの長さは，150cmです。ピンクのリボンの長さは，白のリボンの長さの3倍です。ピンクのリボンの長さは何cmですか。
式　150×3＝450
答え　450cm

② シュークリームのねだんは，160円です。ケーキのねだんは，シュークリームのねだんの3倍です。ケーキのねだんは何円ですか。
式　160×3＝480
答え　480円

③ コップに入っている水は，2dLです。ペットボトルには，コップの8倍の水が入っています。ペットボトルに入っている水のかさは何dLですか。
式　2×8＝16
答え　16dL

ふく習
① $\frac{1}{3}+\frac{1}{3}$　$\frac{2}{3}$　② $\frac{6}{8}+\frac{1}{8}$　$\frac{7}{8}$
③ $\frac{1}{6}+\frac{5}{6}$　1　④ $\frac{5}{9}+\frac{4}{9}$　1

37　(122%に拡大してご使用ください)

P.38

倍の見方（3）　名前

① お父さんの体重は，弟の体重の3倍で，69kgです。弟の体重は何kgですか。
（弟の体重）×3＝69
式　69÷3＝23
答え　23kg

② スイカのねだんは，りんごのねだんの5倍で，800円です。りんごのねだんは何円ですか。
（りんごのねだん）×5＝800
式　800÷5＝160
答え　160円

③ 青のテープの長さは，白のテープの長さの4倍で，280cmです。白のテープの長さは何cmですか。
（白のテープの長さ）×4＝280
式　280÷4＝70
答え　70cm

ふく習
① $\frac{7}{9}-\frac{5}{9}$　$\frac{2}{9}$ 　② $\frac{5}{7}-\frac{1}{7}$　$\frac{4}{7}$
③ $\frac{3}{4}-\frac{2}{4}$　$\frac{1}{4}$ 　④ $\frac{11}{12}-\frac{9}{12}$　$\frac{2}{12}$

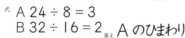

倍の見方（4）　名前

① Aのひまわりの高さは，8cmから24cmになりました。Bのひまわりの高さは，16cmから32cmになりました。どちらのひまわりの方がよくのびたといえますか。もとの高さの何倍になったかでくらべましょう。
Aのひまわり　8cm→24cm
Bのひまわり　16cm→32cm
式　A 24÷8＝3
　　B 32÷16＝2
答え　Aのひまわり

② Aの子犬は，4kgだった体重が8kgにふえました。Bの子犬は，3kgだった体重が9kgにふえました。どちらの子犬の方が体重のふえ方が大きいですか。もとの体重の何倍になったかでくらべましょう。
Aの子犬　4kg→8kg
Bの子犬　3kg→9kg
式　A 8÷4＝2
　　B 9÷3＝3
答え　Bの子犬

ふく習
① $\frac{5}{6}-\frac{1}{6}$　$\frac{4}{6}$ 　② $\frac{13}{14}-\frac{3}{14}$　$\frac{10}{14}$
③ $1-\frac{3}{8}$　$\frac{5}{8}$　④ $1-\frac{5}{12}$　$\frac{7}{12}$

38　(122%に拡大してご使用ください)

P.39

がい数の表し方（1）　名前

① 右の表は，A市，B市，C市の人口を表しています。

A市	41248人
B市	52674人
C市	48391人

3つの市の人口を数直線にも表しました。
それぞれ約何万人といえますか。数直線を見て書きましょう。
A市 約40000人　B市 約50000人
C市 約50000人

② 右の表は，A町，B町，C町の人口を表しています。

A町	8816人
B町	9247人
C町	8462人

3つの町の人口を数直線にも表しました。
それぞれ約何千人といえますか。数直線を見て書きましょう。
A町 約9000人　B町 約9000人
C町 約8000人

ふく習
① 72÷24　② 70÷35　③ 89÷21　④ 98÷24
3　　2　　4 あまり 5　　4 あまり 2

がい数の表し方（2）　名前

① 次の数の千の位を四捨五入して，一万の位までのがい数にしましょう。
① 68372　（約70000）
② 54486　約50000
③ 86200　約90000
④ 965272　約970000
⑤ 298301　約300000

② 次の数の百の位を四捨五入して，千の位までのがい数にしましょう。
① 5379　（約5000）
② 2703　約3000
③ 36527　約37000
④ 15499　約15000
⑤ 9801　約10000

ふく習
① 65÷13　② 81÷27　③ 57÷14　④ 85÷26
5　　3　　4 あまり 1　　3 あまり 7

● 51このミニトマトを，12こずつパックづめします。12入りのパックは，何パックできますか。
51÷12＝4 あまり 3
答え　4パック

39　(122%に拡大してご使用ください)

解答

P.40

がい数の表し方 (3)　名前

① 次の数を四捨五入して，上から1けたのがい数にしましょう。
- ① 3842　（ 約4000 ）
- ② 84935　（ 約80000 ）
- ③ 65027　（ 約70000 ）
- ④ 88000　（ 約90000 ）
- ⑤ 97426　約100000

② 次の数を四捨五入して，上から2けたのがい数にしましょう。
- ① 4581　（ 約4600 ）
- ② 2948　（ 約2900 ）
- ③ 79820　（ 約80000 ）
- ④ 606750　（ 約610000 ）
- ⑤ 794979　（ 約790000 ）
- ⑥ 997010　約1000000

ふく習
① 64÷16　4
② 85÷17　5
③ 84÷29　2あまり26
④ 72÷15　4あまり12

● 72まいのおり紙を，18人に同じ数ずつ配ります。
1人分は何まいになりますか。

72÷18＝4　答え 4まい

がい数の表し方 (4)　名前

① 一の位を四捨五入して，40になる整数のはんいを，以上と未満を使って書きましょう。

35 以上 45 未満

② 一の位を四捨五入して，170になる整数のはんいを，以上と未満を使って書きましょう。

165 以上 175 未満

③ 十の位を四捨五入して，300になる整数のはんいを，以上と未満を使って書きましょう。

250 以上 350 未満

④ 四捨五入して，百の位までのがい数にすると5500になる整数のはんいを，以上と未満を使って書きましょう。

5450 以上 5550 未満

ふく習
① 288÷12　24
② 769÷32　24あまり1
③ 394÷15　26あまり4
④ 401÷24　16あまり17

P.41

がい数の表し方 (5)　名前

● 右の表は，A地点とB地点を平日と休日に通行した自動車の台数を，表にまとめたものです。

自動車の台数
	平日	休日
A地点	3457台	1652台
B地点	2638台	5214台

① 平日のA地点とB地点を通行した自動車の台数の合計は，約何千何百台といえばよいですか。がい算で求めましょう。

3500＋2600＝6100　約6100台

② 休日のA地点とB地点を通行した自動車の台数の合計は，約何千何百台といえばよいですか。がい算で求めましょう。

1700＋5200＝6900　答え 約6900台

③ A地点とB地点のそれぞれで，平日と休日に通行した自動車の台数のちがいは，約何千何百台といえばよいですか。がい算で求めましょう。

A地点 式
3500－1700＝1800　答え 約1800台

B地点 式
5200－2600＝2600　答え 約2600台

ふく習
① 372÷24　15あまり12
② 639÷35　18あまり9
③ 258÷43　6
④ 793÷86　9あまり19

がい数の表し方 (6)　名前

① おまつり広場の屋台では，1皿520円の焼きそばが270皿売れました。売り上げは約何円ですか。上から1けたのがい数にして見積もりましょう。

式　500×300＝150000

約150000円

② 子ども会では，バスを借りて遠足に行きます。バス1台借りると，124000円かかります。バスに乗る人数は58人です。1人分のバス代は約何円になりますか。バス代は上から2けたのがい数に，参加人数は上から1けたのがい数にして見積もりましょう。

式　120000÷60＝2000

約2000円

ふく習
① 306÷43　7あまり5
② 516÷86　6
③ 228÷28　8あまり4
④ 117÷16　7あまり5

P.42

がい数の表し方　まとめ①　名前

① 次の数を四捨五入して，【 】の位までのがい数にしましょう。
- ① 351【百の位】　（ 約400 ）
- ② 7238【百の位】　（ 約7200 ）
- ③ 8472【千の位】　（ 約8000 ）
- ④ 79742【千の位】　約80000
- ⑤ 66203【万の位】　約70000
- ⑥ 997204【万の位】　約1000000

② 次の数を四捨五入して，【 】の中までのがい数にしましょう。
- ① 4186【上から1けた】　（ 約4000 ）
- ② 7624【上から1けた】　（ 約8000 ）
- ③ 56479【上から2けた】　（ 約56000 ）
- ④ 997384【上から2けた】　約1000000

③ 次の数になる整数のはんいを，以上と未満を使って書きましょう。
- ① 四捨五入して十の位までのがい数にすると，180になる整数のはんい

175 以上 185 未満

- ② 四捨五入して百の位までのがい数にすると，600になる整数のはんい

550 以上 650 未満

がい数の表し方　まとめ②　名前

① 四捨五入して千の位までのがい数にして，答えを見積もりましょう。
- ① 18000＋23000＝41000　約41000
- ② 78000－5000＝73000　約73000

② 四捨五入して上から1けたのがい数にして，答えを見積もりましょう。
- ① 900×400＝360000　約360000
- ② 10000÷200＝50　約50

③ 右の表は，美じゅつ館の午前と午後の入場者数です。

美じゅつ館の入場者数
午前	3224人
午後	4372人

① 午前と午後の入場者数の合計は，約何千何百人ですか。がい算で求めましょう。

3200＋4400＝7600　答え 約7600人

② 午後の入場者数は，午前の入場者数より約何千何百人多いですか。がい算で求めましょう。

4400－3200＝1200　答え 約1200人

④ バス旅行者58人から，1人4350円ずつ集金します。集めたお金は，全部で約何万円になりますか。上から1けたのがい数にして見積もりましょう。

4000×60＝240000　答え 約240000円

P.43

計算のきまり (1)　名前

① まなぶさんは，130円のパンと150円のジュースを買って500円を出しました。おつりは何円ですか。

① パンとジュースの代金の合計は何円ですか。

130＋150＝280　答え 280円

② おつりは何円ですか。

500－280＝220　答え 220円

③ ①と②の式を，（ ）を使って1つの式に表して，答えを求めましょう。

500－（130＋150）＝220　答え 220円

② 計算をしましょう。
- ① 1000－（600＋150）　250
- ② 12×（24－18）　72
- ③ 36÷（16－7）　4
- ④ （9－3）×（3＋5）　48

ふく習
① 78÷26　3
② 69÷24　2あまり21
③ 90÷16　5あまり10
④ 88÷17　5あまり3

計算のきまり (2)　名前

① はるやさんは，150円のあんパンを3こ買って500円を出しました。おつりは何円ですか。

① あんパン3この代金は何円ですか。

150×3＝450　答え 450円

② おつりは何円ですか。

500－450＝50　答え 50円

③ ①と②の式を，1つの式に表して，答えを求めましょう。

500－150×3＝50　答え 50円

② 計算をしましょう。
- ① 15＋7×5　50
- ② 40－30÷6　35
- ③ 21＋40÷5　29
- ④ 110－6×5　80
- ⑤ 24÷4＋2×7　20
- ⑥ 8×4＋5×6　62

ふく習
① 721÷31　23あまり8
② 824÷26　31あまり18
③ 469÷23　20あまり9
④ 687÷28　24あまり15

児童に実施させる前に，必ず指導される方が問題を解いてください。本書の解答は，あくまでも1つの例です。指導される方の作られた解答をもとに，本書の解答例を参考に児童の多様な考えに寄り添って○つけをお願いします。

P.44

計算のきまり（3） 名前

① 計算をしましょう。

① $12 - 4 \times 2$　4
② $(12 - 4) \times 2$　16
③ $12 \times (4 - 2)$　24
④ $12 \times 4 - 2$　46
⑤ $12 \div (4 + 2)$　2

② 計算をしましょう。

① $6 \times 8 - 4 \div 2$　46
② $6 \times (8 - 4) \div 2$　12
③ $6 \times (8 - 4 \div 2)$　36
④ $(6 \times 8 - 4) \div 2$　22

ふく習

● 次の角度をはかりましょう。

① （60）°　② （45）°　③ （120）°

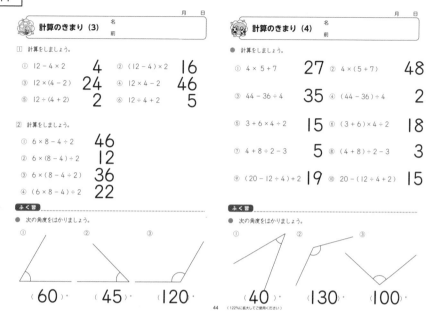

計算のきまり（4） 名前

● 計算をしましょう。

① $4 \times 5 + 7$　27
② $4 \times (5 + 7)$　48
③ $44 - 36 \div 4$　35
④ $(44 - 36) \div 4$　2
⑤ $3 + 6 \times 4 \div 2$　15
⑥ $(3 + 6) \times 4 \div 2$　18
⑦ $4 + 8 \div 2 - 3$　5
⑧ $(4 + 8) \div 2 - 3$　3
⑨ $(20 - 12 \div 4) + 2$　19
⑩ $20 - (12 \div 4 + 2)$　15

ふく習

● 次の角度をはかりましょう。

① （40）°　② （130）°　③ （100）°

44　（122%に拡大してご使用ください）

P.45

計算のきまり（5） 名前

● 右の図の○の数を求めるための式を考えました。
次の考え方にあてはまる式を⑦〜⑨から選んで，□に記号を書きましょう。

① 左の図のように○を動かすとたてに3こ，横に7列になります。　①

② 3つに分けて求めて，合計します。　ウ

③ 同じものを2つ合わせて，それを半分にします。　ア

⑦ $6 \times 7 \div 2$
④ 3×7
⑨ $3 \times 3 + 6 \times 2$

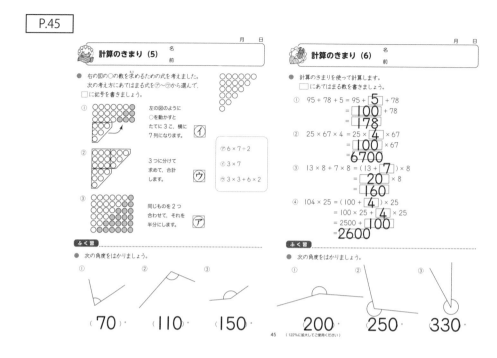

ふく習

● 次の角度をはかりましょう。

① （70）°　② （110）°　③ （150）°

計算のきまり（6） 名前

● 計算のきまりを使って計算します。
□にあてはまる数を書きましょう。

① $95 + 78 + 5 = 95 + 5 + 78$
　　$= 100 + 78$
　　$= 178$

② $25 \times 67 \times 4 = 25 \times 4 \times 67$
　　$= 100 \times 67$
　　$= 6700$

③ $13 \times 8 + 7 \times 8 = (13 + 7) \times 8$
　　$= 20 \times 8$
　　$= 160$

④ $104 \times 25 = (100 + 4) \times 25$
　　$= 100 \times 25 + 4 \times 25$
　　$= 2500 + 100$
　　$= 2600$

ふく習

● 次の角度をはかりましょう。

① （200）°　② （250）°　③ （330）°

45　（122%に拡大してご使用ください）

P.46

計算のきまり（7） 名前

① かけ算のせいしつを使って計算します。
□にあてはまる数を書きましょう。

① $4 \times 70 = 4 \times 7 \times 10$
　　$= 28 \times 10$
　　$= 280$

② $60 \times 40 = 6 \times 4 \times 10 \times 10$
　　$= 24 \times 100$
　　$= 2400$

② $4 \times 8 = 32$ をもとにして計算しましょう。

① 4×80　320
② 40×80　3200
③ 4×800　3200
④ 40×8　320

ふく習

● ○を中心として，矢印の方向に角をかきましょう。

① 70°　② 100°　③ 280°

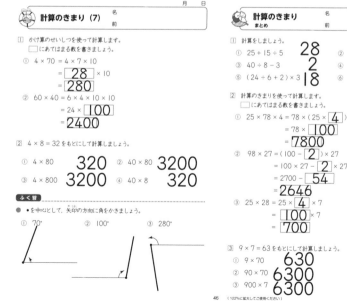

計算のきまり まとめ 名前

① 計算をしましょう。

① $25 + 15 \div 5$　28
② $(25 + 15) \div 5$　8
③ $40 \div 8 - 3$　2
④ $40 \div (8 - 3)$　8
⑤ $(24 \div 6 + 2) \times 3$　18
⑥ $24 \div (6 + 2 \times 3)$　2

② 計算のきまりを使って計算します。
□にあてはまる数を書きましょう。

① $25 \times 78 \times 4 = 78 \times (25 \times 4)$
　　$= 78 \times 100$
　　$= 7800$

② $98 \times 27 = (100 - 2) \times 27$
　　$= 100 \times 27 - 2 \times 27$
　　$= 2700 - 54$
　　$= 2646$

③ $25 \times 28 = 25 \times 4 \times 7$
　　$= 100 \times 7$
　　$= 700$

③ $9 \times 7 = 63$ をもとにして計算しましょう。

① 9×70　630
② 90×70　6300
③ 900×7　6300

46　（122%に拡大してご使用ください）

P.47

垂直・平行と四角形（1） 名前

① 2本の直線が垂直になっているものを選び，（ ）に○をつけましょう。

① ○　② （ ）　③ ○
④ ○　⑤ ○　⑥ （ ）

② Aの直線に垂直な直線はどれですか。□に記号を書きましょう。

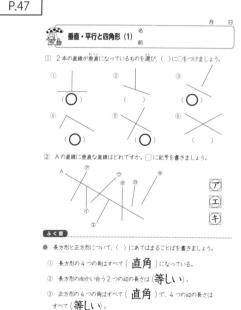

⑦
エ
キ

ふく習

● 長方形と正方形について，（ ）にあてはまることばを書きましょう。

① 長方形の4つの角はすべて（直角）になっている。

② 長方形の向かい合う2つの辺の長さは（等しい）。

③ 正方形の4つの角はすべて（直角）で，4つの辺の長さはすべて（等しい）。

垂直・平行と四角形（2） 名前

● 点Aを通って，直線⑦に垂直な直線をひきましょう。

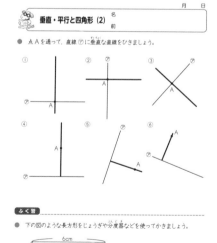

ふく習

● 下の図のような長方形をじょうぎや分度器などを使ってかきましょう。

6cm
4cm

略

47　（122%に拡大してご使用ください）

P.48

垂直・平行と四角形 (3)　名前　月　日

① 2本の直線が平行になっているものを選び，（ ）に○をつけましょう。

① ② ③ ④ ⑤ ⑥

② 下の図で，平行な直線はどれとどれですか。

（ア）と（ウ）
（イ）と（エ）
（オ）と（キ）

● 右のマス目に，左と同じ図をかきましょう。

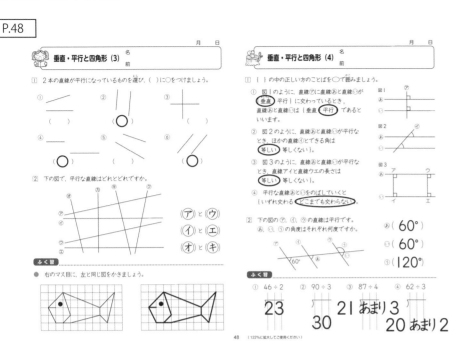

垂直・平行と四角形 (4)　名前　月　日

① 〔 〕の中の正しい方のことばを○で囲みましょう。

① 図1のように，直線⑦と直線⑤と直線⑥が〔**垂直** 平行〕に交わっているとき，直線⑤と直線⑥は〔垂直 **平行**〕であるといいます。

② 図2のように，直線⑤と直線⑥が平行なとき，ほかの直線⑦とできる角は〔**等しい** 等しくない〕。

③ 図3のように，直線⑤と直線⑥が平行なとき，直線アイと直線ウエの長さは〔**等しい** 等しくない〕。

④ 平行な直線⑤と⑥をのばしていくと〔いずれ交わる **どこまでも交わらない**〕。

② 下の図の⑦，⑤，⑥の直線は平行です。⑤，⑤，⑥の角度はそれぞれ何度ですか。

⑤（ 60° ）
⑥（ 60° ）
⑥（ 120° ）

ふく習

① 46÷2　**23**
② 90÷3　**30**
③ 87÷4　**21あまり3**
④ 62÷3　**20あまり2**

48　（122%に拡大してご使用ください）

P.49

垂直・平行と四角形 (5)　名前　月　日

● 点Aを通って，直線⑦に平行な直線をひきましょう。

① ② ③ ④ ⑤ ⑥

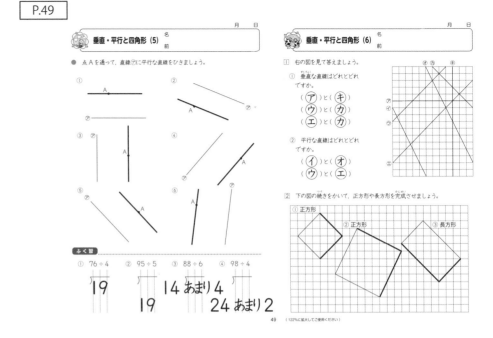

ふく習

① 76÷4　**19**
② 95÷5　**19**
③ 88÷6　**14あまり4**
④ 98÷4　**24あまり2**

垂直・平行と四角形 (6)　名前　月　日

① 右の図を見て答えましょう。

① 垂直な直線はどれとどれですか。

（ア）と（キ）
（ウ）と（カ）
（エ）と（カ）

② 平行な直線はどれとどれですか。

（イ）と（オ）
（ウ）と（エ）

② 下の図の続きをかいて，正方形や長方形を完成させましょう。

① 正方形　② 正方形　③ 長方形

49　（122%に拡大してご使用ください）

P.50

垂直・平行と四角形 (7)　名前　月　日

① 次の文は台形と平行四辺形について説明した文です。（ ）にあてはまることばを下の□から選んで書きましょう。（同じことばを2度使ってもよい。）

① 台形　　向かい合った（**1組**）の辺が（**平行**）な四角形
② 平行四辺形　向かい合った（**2組**）の辺が（**平行**）な四角形

〔 1組 ・ 2組 ・ 垂直 ・ 平行 〕

② 下の⑦〜⑦の図形から，台形と平行四辺形を見つけて，□に記号を書きましょう。

台形　**ウ・カ**　　平行四辺形　**イ・エ**

ふく習

① 96÷6　**16**
② 75÷4　**18あまり3**
③ 95÷3　**31あまり2**
④ 83÷4　**20あまり3**

50　（122%に拡大してご使用ください）

垂直・平行と四角形 (8)　名前　月　日

① 下の平行線を使って，台形と平行四辺形を1つずつかきましょう。

略

② 下の方がんに，平行四辺形の続きをかきましょう。

③ 下の平行四辺形の角度や辺の長さを書きましょう。

① 角A（ 110° ）
② 角C（ 110° ）
③ 角D（ 70° ）
④ 辺AD（ 5cm ）
⑤ 辺CD（ 3cm ）

ふく習

① 95÷7　**13あまり4**
② 79÷2　**39あまり1**
③ 80÷3　**26あまり2**
④ 90÷4　**22あまり2**

P.51

垂直・平行と四角形 (9)　名前　月　日

● 下の図と同じ平行四辺形をかきましょう。

①　**略**

②　**略**

ふく習

① 84÷3　**28**
② 71÷4　**17あまり3**
③ 85÷4　**21あまり1**
④ 62÷3　**20あまり2**

51　（122%に拡大してご使用ください）

垂直・平行と四角形 (10)　名前　月　日

① ひし形の説明として，〔 〕の中の正しい方のことばを○で囲みましょう。

① 4つの〔角の大きさ **辺の長さ**〕は等しい。
② 〔**向かい合った** となり合った〕角の大きさは等しい。
③ 向かい合った辺は〔垂直 **平行**〕である。

② 下のひし形の角度や辺の長さを書きましょう。

① 角A　**130°**
② 角B　**50°**
③ 角D　**50°**
④ 辺AB　**4cm**
⑤ 辺CD　**4cm**

③ 下の⑦〜⑦の中からひし形を見つけて，□に記号を書きましょう。

イ・ウ・オ

ふく習

① 94÷5　**18あまり4**
② 73÷2　**36あまり1**
③ 90÷7　**12あまり6**
④ 70÷3　**23あまり1**

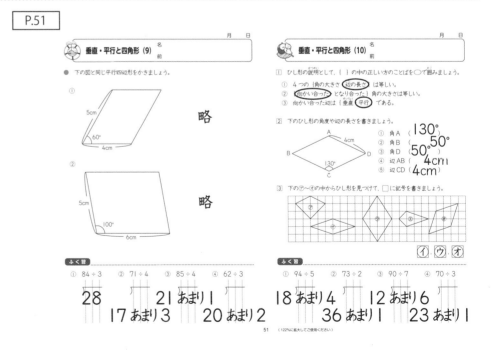

P.52

垂直・平行と四角形 (11)

● 次の四角形の対角線について調べましょう。

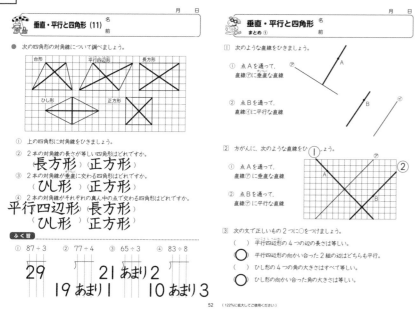

① 上の四角形に対角線をひきましょう。

② 2本の対角線の長さが等しい四角形はどれですか。
（長方形）（正方形）

③ 2本の対角線が垂直に交わる四角形はどれですか。
（ひし形）（正方形）

④ 2本の対角線がそれぞれの真ん中の点で交わる四角形はどれですか。
（平行四辺形）（長方形）
（ひし形）（正方形）

ふく習

① 87÷3　29
② 77÷4　19あまり1
③ 65÷3　21あまり2
④ 83÷8　10あまり3

垂直・平行と四角形 まとめ

① 次のような直線をひきましょう。
① 点Aを通って，直線⑦に垂直な直線
② 点Bを通って，直線①に平行な直線

② 方がんに，次のような直線をひきましょう。
① 点Aを通って，直線⑦に垂直な直線
② 点Bを通って，直線⑦に平行な直線

③ 次の文で正しいもの2つに○をつけましょう。
（　）平行四辺形の4つの辺の長さは等しい。
（○）平行四辺形の向かい合った2組の辺はどちらも平行。
（　）ひし形の4つの角の大きさはすべて等しい。
（○）ひし形の向かい合った角の大きさは等しい。

52　（122%に拡大してご使用ください）

P.53

垂直・平行と四角形 まとめ

① 下の平行四辺形の角度や辺の長さを書きましょう。

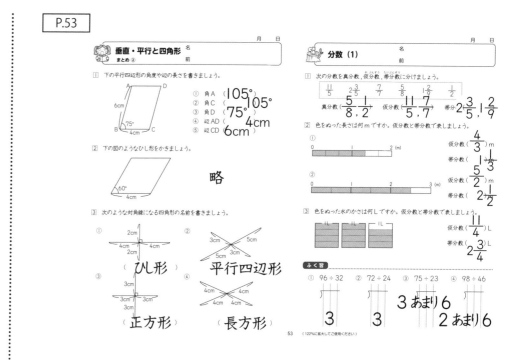

① 角A（105°）
② 角C（105°）
③ 角D（75°）
④ 辺AD（4cm）
⑤ 辺CD（6cm）

② 下の図のようなひし形をかきましょう。
略

③ 次のような対角線になる四角形の名前を書きましょう。
①（ひし形）
②（平行四辺形）
③（正方形）
④（長方形）

分数 (1)

① 次の分数を真分数，仮分数，帯分数に分けましょう。
真分数 $\frac{5}{8}$, $\frac{1}{2}$　仮分数 $\frac{11}{5}$, $\frac{7}{7}$　帯分数 $2\frac{3}{5}$, $1\frac{2}{9}$

② 色をぬった長さは何mですか。仮分数と帯分数で表しましょう。
①　仮分数 $\frac{4}{3}$　帯分数 $1\frac{1}{3}$
②　仮分数 $\frac{5}{2}$m　帯分数 $2\frac{1}{2}$

③ 色をぬった水のかさは何Lですか。仮分数と帯分数で表しましょう。
仮分数 $\frac{11}{4}$L　帯分数 $2\frac{3}{4}$

ふく習

① 96÷32　3
② 72÷24　3
③ 75÷23　3あまり6
④ 98÷46　2あまり6

53　（122%に拡大してご使用ください）

P.54

分数 (2)

① 次の仮分数の長さの分だけ色をぬりましょう。また，それを帯分数で表しましょう。

① $\frac{4}{3}$m　帯分数 $1\frac{1}{3}$m
② $\frac{7}{4}$m　帯分数 $1\frac{3}{4}$m
③ $\frac{13}{5}$m　帯分数 $2\frac{3}{5}$

② 次の帯分数のかさの分だけ色をぬりましょう。また，それを仮分数で表しましょう。

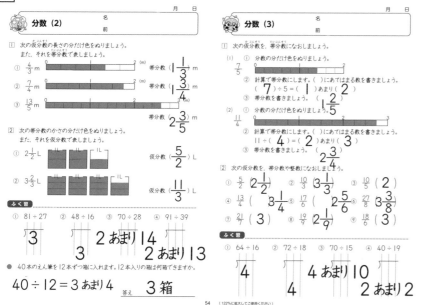

① $2\frac{1}{2}$L　仮分数 $\frac{5}{2}$L
② $3\frac{2}{3}$L　仮分数 $\frac{11}{3}$L

ふく習

① 81÷27　3
② 48÷16　3
③ 70÷28　2あまり14
④ 91÷39　2あまり13

● 40本のえん筆を12本ずつ箱に入れます。12本入りの箱は何箱できますか。
40÷12＝3あまり4　答え 3箱

分数 (3)

① 次の分数を，帯分数になおしましょう。
(1) ① 分数の分だけ色をぬりましょう。
$\frac{7}{5}$
② 計算で帯分数にします。（　）にあてはまる数を書きましょう。
（7）÷5＝（1）あまり（2）
③ 帯分数を書きましょう。（$1\frac{2}{5}$）

(2) ① 分数の分だけ色をぬりましょう。
$\frac{11}{4}$
② 計算で帯分数にします。（　）にあてはまる数を書きましょう。
11÷（4）＝（2）あまり（3）
③ 帯分数を書きましょう。（$2\frac{3}{4}$）

② 次の仮分数を，帯分数や整数になおしましょう。
① $\frac{5}{2}$（$2\frac{1}{2}$）
② $\frac{10}{3}$（$3\frac{1}{3}$）
③ $\frac{10}{5}$（2）
④ $\frac{13}{4}$（$3\frac{1}{4}$）
⑤ $\frac{17}{6}$（$2\frac{5}{6}$）
⑥ $\frac{27}{8}$（$3\frac{3}{8}$）
⑦ $\frac{21}{7}$（3）
⑧ $\frac{25}{9}$（$2\frac{7}{9}$）
⑨ $\frac{18}{6}$（3）

ふく習

① 64÷16　4
② 72÷18　4
③ 70÷15　4あまり10
④ 40÷19　2あまり2

54　（122%に拡大してご使用ください）

P.55

分数 (4)

① 次の帯分数を，仮分数になおしましょう。
(1) ① 分数の分だけ色をぬりましょう。
$2\frac{1}{3}$
② 計算で仮分数にします。（　）にあてはまる数を書きましょう。
3×（2）＋（1）＝（7）
③ 仮分数を書きましょう。（$\frac{7}{3}$）

(2) ① 分数の分だけ色をぬりましょう。
$2\frac{3}{4}$
② 計算で仮分数にします。（　）にあてはまる数を書きましょう。
4×（2）＋（3）＝（11）
③ 仮分数を書きましょう。（$\frac{11}{4}$）

② 次の帯分数を，仮分数になおしましょう。
① $2\frac{2}{5}$（$\frac{12}{5}$）
② $3\frac{1}{2}$（$\frac{7}{2}$）
③ $4\frac{4}{5}$（$\frac{24}{5}$）
④ $2\frac{5}{6}$（$\frac{17}{6}$）
⑤ $2\frac{3}{8}$（$\frac{19}{8}$）
⑥ $3\frac{3}{8}$（$\frac{27}{8}$）
⑦ $1\frac{4}{15}$（$\frac{19}{15}$）
⑧ $2\frac{7}{10}$（$\frac{27}{10}$）
⑨ $2\frac{5}{12}$（$\frac{29}{12}$）

ふく習

① 736÷32　23
② 632÷42　15あまり2
③ 288÷16　18
④ 400÷15　26あまり10

分数 (5)

● 下の数直線を見て答えましょう。

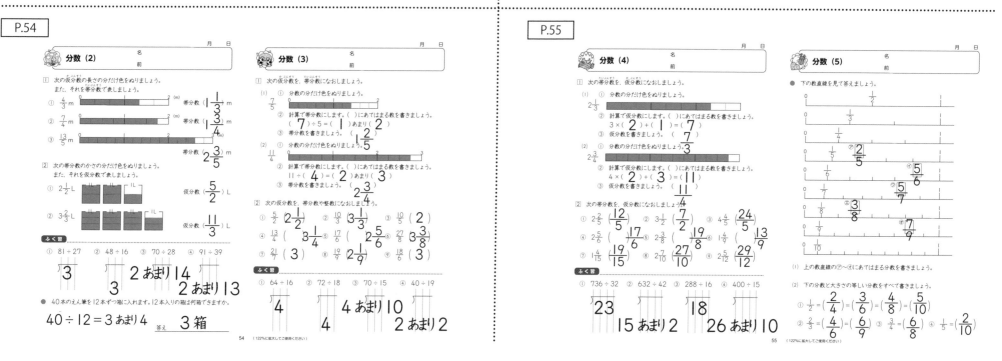

(1) 上の数直線の⑦～⑩にあてはまる分数を書きましょう。
⑦ $\frac{2}{5}$　① $\frac{5}{6}$　② $\frac{5}{7}$　③ $\frac{3}{8}$　④ $\frac{7}{9}$

(2) 下の分数と大きさの等しい分数をすべて書きましょう。
① $\frac{1}{2}$＝（$\frac{2}{4}$）＝（$\frac{3}{6}$）＝（$\frac{4}{8}$）＝（$\frac{5}{10}$）
② $\frac{2}{3}$＝（$\frac{4}{6}$）＝（$\frac{6}{9}$）　③ $\frac{3}{4}$＝（$\frac{6}{8}$）　⑤ $\frac{1}{5}$＝（$\frac{2}{10}$）

55　（122%に拡大してご使用ください）

P.56

分数 (6) 名前

① $\frac{5}{7}$ m と $\frac{4}{7}$ m の長さのリボンをあわせると，何mになりますか。

$$\frac{5}{7} + \frac{4}{7} = 1\frac{2}{7}\left(\frac{9}{7}\right) \qquad 答え \ 1\frac{2}{7}\left(\frac{9}{7}\right) m$$

② 計算をしましょう。

① $\frac{5}{8} + \frac{7}{8} \quad 1\frac{4}{8}\left(\frac{12}{8}\right)$ ② $\frac{7}{9} + \frac{5}{9} \quad 1\frac{3}{9}\left(\frac{12}{9}\right)$

③ $\frac{7}{6} + \frac{5}{6} \quad 2$ ④ $\frac{7}{12} + \frac{17}{12} \quad 2$

⑤ $\frac{5}{4} - \frac{3}{4} \quad \frac{2}{4}$ ⑥ $\frac{5}{3} - \frac{4}{3} \quad \frac{1}{3}$

⑦ $\frac{15}{8} - \frac{7}{8} \quad 1$ ⑧ $\frac{37}{15} - \frac{7}{15} \quad 2$

ふく習

① $294 ÷ 32$ ② $668 ÷ 74$ ③ $375 ÷ 46$ ④ $220 ÷ 27$

$9 あまり 6 \quad 8 あまり 7 \quad 9 あまり 2 \quad 8 あまり 4$

● 9mのリボンがあります。24cmずつに切ります。24cmのリボンは

$9m = 900cm$
$900 ÷ 24 = 37 あまり 12 \quad 答え \ 37本$

分数 (7) 名前

① $1\frac{2}{5}$ L と $1\frac{1}{5}$ L の水があります。あわせると何Lになりますか。

$$1\frac{2}{5} + 1\frac{1}{5} = 2\frac{3}{5}\left(\frac{13}{5}\right) \qquad 答え \ 2\frac{3}{5}\left(\frac{13}{5}\right) L$$

② 計算をしましょう。

① $1\frac{4}{7} + 2\frac{3}{7} \quad 3\frac{5}{7}\left(\frac{26}{7}\right)$ ② $2\frac{3}{8} + 2\frac{2}{8} \quad 2\frac{5}{8}\left(\frac{21}{8}\right)$

③ $1\frac{3}{4} + 2\frac{2}{4} \quad 4\frac{1}{4}\left(\frac{17}{4}\right)$ ④ $1\frac{5}{9} + 1\frac{6}{9} \quad 2\frac{2}{9}\left(\frac{20}{9}\right)$

⑤ $2\frac{5}{6} + 1\frac{2}{6} \quad 4\frac{1}{6}\left(\frac{25}{6}\right)$ ⑥ $1\frac{3}{5} + 1\frac{4}{5} \quad 2\frac{2}{5}\left(\frac{12}{5}\right)$

⑦ $2\frac{4}{6} + 1\frac{2}{6} \quad 4$ ⑧ $\frac{1}{12} + \frac{11}{12} \quad 2$

ふく習

① $966 ÷ 23$ ② $800 ÷ 32$ ③ $2646 ÷ 14$ ④ $8580 ÷ 26$

$42 \quad 25 \quad 189 \quad 330$

56 （122%に拡大してご使用ください）

P.57

分数 (8) 名前

① テープが $4\frac{3}{5}$ m あります。工作に使ったので，残りは $2\frac{2}{5}$ m になりました。工作に何m使いましたか。

$$4\frac{3}{5} - 2\frac{2}{5} = 2\frac{1}{5}\left(\frac{11}{5}\right) \qquad 答え \ 2\frac{1}{5}\left(\frac{11}{5}\right) m$$

② 水が4Lあります。$2\frac{1}{5}$ L 飲むと，残りは何Lになりますか。

$$4 - 2\frac{1}{5} = 1\frac{4}{5}\left(\frac{9}{5}\right) \qquad 答え \ 1\frac{4}{5}\left(\frac{9}{5}\right) L$$

③ 計算をしましょう。

① $3\frac{2}{3} - 1\frac{1}{3} \quad 2\frac{1}{3}\left(\frac{7}{3}\right)$ ② $2\frac{4}{6} - 2\frac{2}{6} \quad \frac{2}{6}$

③ $1\frac{6}{7} - \frac{5}{7} \quad 1\frac{1}{7}\left(\frac{8}{7}\right)$ ④ $3\frac{3}{4} - 2 \quad 1\frac{3}{4}\left(\frac{7}{4}\right)$

⑤ $1\frac{1}{3} - \frac{2}{3} \quad \frac{2}{3}$ ⑥ $2\frac{2}{5} - 1\frac{4}{5} \quad \frac{3}{5}$

⑦ $2 - \frac{3}{4} \quad 1\frac{1}{4}\left(\frac{5}{4}\right)$ ⑧ $3 - 1\frac{5}{8} \quad 1\frac{3}{8}\left(\frac{11}{8}\right)$

⑨ $2\frac{1}{4} - 1\frac{3}{4} \quad \frac{2}{4}$ ⑩ $3\frac{2}{9} - 1\frac{5}{9} \quad 1\frac{6}{9}\left(\frac{15}{9}\right)$

⑪ $4\frac{4}{5} - \frac{4}{5} \quad 4$ ⑫ $3 - 1\frac{1}{6} \quad 1\frac{5}{6}\left(\frac{11}{6}\right)$

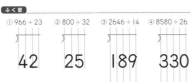

分数 まとめ 名前

① 次の帯分数は仮分数に，仮分数は帯分数か整数になおしましょう。

① $1\frac{4}{5}\left(\frac{9}{5}\right)$ ② $2\frac{2}{9}\left(\frac{20}{9}\right)$ ③ $4\frac{2}{5}\left(\frac{22}{5}\right)$

④ $\frac{18}{3}\left(6\right)$ ⑤ $\frac{19}{6}\left(3\frac{1}{6}\right)$ ⑥ $\frac{17}{4}\left(4\frac{1}{4}\right)$

② 次の分数の大小を，不等号を使って表しましょう。

① $\frac{20}{9} > 2\frac{1}{9}$ ② $3\frac{1}{4} < \frac{15}{4}$

③ $3\frac{4}{7} < \frac{32}{7}$ ④ $\frac{32}{15} > 2\frac{1}{15}$

③ 計算をしましょう。

① $\frac{4}{7} + \frac{5}{7} \quad 1\frac{2}{7}\left(\frac{9}{7}\right)$ ② $1\frac{1}{5} + 2\frac{3}{5} \quad 3\frac{4}{5}\left(\frac{19}{5}\right)$

③ $2\frac{5}{7} + 1\frac{3}{7} \quad 4\frac{1}{7}\left(\frac{29}{7}\right)$ ④ $2\frac{5}{9} + \frac{4}{9} \quad 3$

⑤ $\frac{9}{4} - \frac{7}{4} \quad \frac{2}{4}$ ⑥ $4\frac{7}{8} - 4\frac{3}{8} \quad \frac{4}{8}$

⑦ $3\frac{1}{3} - 1\frac{2}{3} \quad 1\frac{2}{3}\left(\frac{5}{3}\right)$ ⑧ $2 - \frac{7}{12} \quad 1\frac{5}{12}\left(\frac{17}{12}\right)$

⑨ $3\frac{2}{5} - 1\frac{4}{5} \quad 1\frac{3}{5}\left(\frac{13}{5}\right)$ ⑩ $4\frac{2}{7} - 3\frac{5}{7} \quad \frac{4}{7}\left(\frac{11}{7}\right)$

57 （122%に拡大してご使用ください）

P.58

変わり方調べ (1) 名前

● 14本のぼうを使って，いろいろな長方形を作ります。

① たての本数と横の本数の関係を表にまとめましょう。

たての本数（本）	1	2	3	4	5	6
横の本数（本）	6	5	4	3	2	1

② ①の表を式に表します。（ ）にあてはまる数を書きましょう。

たての本数　横の本数
1　+　(6) = (7)
2　+　(5) = (7)
3　+　(4) = (7)
…
□　+　○　= (7)

③ たての本数を□，横の本数を○として式に表しましょう。

$$□ + ○ = 7$$

ふく習

① $4.36 + 2.51$ ② $7.25 + 1.87$ ③ $9.36 + 2.54$ ④ $0.73 + 0.38$

$6.87 \quad 9.12 \quad 11.90 \quad 1.11$

● りきさんは4.65kg，るいさんは3.97kgのいもをほりました。あわせると何kgですか。

$4.65 + 3.97 = 8.62 \quad 答え \ 8.62kg$

58 （122%）

変わり方調べ (2) 名前

● 1辺が1cmの正三角形を，下のように1列にならべます。まわりの長さはどのように変化するかを調べましょう。

1辺1cm

① 正三角形の数とまわりの長さの関係を表にまとめましょう。

正三角形の数（こ）	1	2	3	4	5	6
まわりの長さ（cm）	3	4	5	6	7	8

② ①の表を式に表します。（ ）にあてはまる数を書きましょう。

正三角形の数　まわりの長さ
1　+　(2) = (3)
2　+　(2) = (4)
3　+　(2) = (5)
…
□　+　(2) = ○

③ 正三角形の数を□，まわりの長さを○として式に表しましょう。

$$□ + 2 = ○$$

④ 正三角形の数が12このとき，まわりの長さは何cmですか。

$12 + 2 = 14 \quad 答え \ 14cm$

⑤ まわりの長さが20cmのとき，正三角形の数が何こですか。

$□ + 2 = 20$
$20 - 2 = 18 \quad 答え \ 18こ$

P.59

変わり方調べ (3) 名前

● 1辺が1cmの正方形を，下の図のように，1だん，2だん…とならべます。そのときのまわりの長さを調べましょう。

1辺1cm
正方形

① だんの数とまわりの長さの関係を表にまとめましょう。

だんの数（だん）	1	2	3	4	5	6
まわりの長さ（cm）	4	8	12	16	20	24

② ①の表を式に表します。（ ）にあてはまる数を書きましょう。

だんの数　まわりの長さ
1　×　(4) = (4)
2　×　(4) = (8)
3　×　(4) = (12)
…
□　×　(4) = ○

③ だんの数を□，まわりの長さを○として式に表しましょう。

$$□ × 4 = ○$$

④ だんの数が15だんのとき，まわりの長さは何cmですか。

$15 × 4 = 60 \quad 答え \ 60cm$

⑤ まわりの長さが100cmのとき，だんの数は何だんですか。

$□ × 4 = 100$
$100 ÷ 4 = 25 \quad 答え \ 25だん$

変わり方調べ (4) 名前

● 1こ40gの消しゴムを，1こ，2こ…とふやしていきます。消しゴムの数と全体の重さの変わり方を調べます。

① 消しゴムの数と全体の重さの関係を表にまとめましょう。

消しゴムの数（こ）	1	2	3	4	5	6
全体の重さ（g）	40	80	120	160	200	240

② ①の表を式に表します。（ ）にあてはまる数を書きましょう。

1この重さ　消しゴムの数　全体の重さ
(40)　×　1　= (40)
(40)　×　2　= (80)
(40)　×　3　= 120
…
(40)　×　□　= ○

③ 消しゴムの数を□，全体の重さを○として式に表しましょう。

$$40 × □ = ○$$

④ 消しゴムの数が14このとき，全体の重さは何gですか。

$40 × 14 = 560 \quad 答え \ 560g$

⑤ 全体の重さが1kgのとき，消しゴムの数は何こですか。

$1kg = 1000g$
$40 × □ = 1000$
$1000 ÷ 40 = 25 \quad 答え \ 25こ$

59 （122%）

児童に実施させる前に，必ず指導される方が問題を解いてください。本書の解答は，あくまでも1つの例です。指導される方の作られた解答をもとに，本書の解答例を参考に児童の多様な考えに寄り添って〇つけをお願いします。

P.60

面積 (1) 名前

① ⑦～③の面積は何 cm² ですか。

⑦ 15cm²
④ 9cm²
⑤ 8cm²
⑤ 14cm²
⑥ 12cm²

② ⑦～⑤の面積は何 cm² ですか。

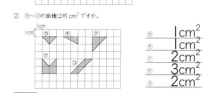

⑦ 1cm²
④ 1cm²
⑤ 2cm²
⑥ 3cm²
⑦ 2cm²

ふく習

● （ ）にあてはまる数を書きましょう。
① 1m＝（ 100 ）cm　② 1m20cm＝（ 120 ）cm
③ 1m5cm＝（ 105 ）cm　④ 1km＝（ 1000 ）cm
⑤ 1km500m＝（ 1500 ）m
⑥ 1km80m＝（ 1080 ）m

面積 (2) 名前

① 次の面積を計算で求めましょう。

$4 \times 7 = 28$
答え 28cm²

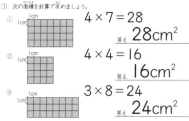
$4 \times 4 = 16$
答え 16cm²

$3 \times 8 = 24$
答え 24cm²

② 長方形と正方形の面積を求める公式を書きましょう。

長方形の面積 ＝ たて × 横

正方形の面積 ＝ 1辺 × 1辺

ふく習

① 4.8 + 2.65　② 3.76 + 1.7　③ 2 + 5.27　④ 5.24 + 2.76
7.45　5.46　7.27　8.00

● 重さ5.6kgのみかんを0.47kgの箱に入れると，全体の重さは何 kg になりますか。

$5.6 + 0.47 = 6.07$　答え 6.07kg

P.61

面積 (3) 名前

① 次の長方形や正方形の面積を求めましょう。

① $5 \times 8 = 40$　　② 正方形 $6 \times 6 = 36$
答え 40cm²　　答え 36cm²

③ たての長さ12cm　　④ 1辺の長さが11cmの正方形
$12 \times 15 = 180$　　$11 \times 11 = 121$
答え 180cm²　　答え 121cm²

② 次の長方形のたての長さは何 cm ですか。

$48 \div 12 = 4$
答え 4cm

ふく習

① 2.73 − 2　② 5.8 − 3.78　③ 3 − 1.84　④ 1 − 0.66
0.73　2.02　1.16　0.34

面積 (4) 名前

● 次の面積をくふうして求めましょう。

① （例）$10 \times 6 = 60$
$5 \times (12 - 6) = 30$
$60 + 30 = 90$
答え 90cm²

② （例）$9 \times 9 = 81$
$3 \times 3 = 9$
$81 - 9 = 72$
答え 72cm²

ふく習

① 8.76 − 2.34　② 5.02 − 2.74　③ 7.35 − 2.5　④ 8.65 − 6
6.42　2.28　4.85　2.65

● ロープが 10.5m ありましたが，3.78m 使いました。ロープは何 m 残っていますか。
$10.5 - 3.78 = 6.72$　答え 6.72m

P.62

面積 (5) 名前

① 次の長方形や正方形の面積を求めましょう。

① $4 \times 9 = 36$　　② 正方形 $8 \times 8 = 64$
答え 36m²　　答え 64m²

③ たて 10m，横 20m の長方形のドッジボールコートの面積
$10 \times 20 = 200$　答え 200m²

② （ ）にあてはまる数を書きましょう。
① 1m²＝（ 10000 ）cm²
② 3m²＝（ 30000 ）cm²
③ 20000cm²＝（ 2 ）m²　④ 50000cm²＝（ 5 ）m²

ふく習

① $\frac{6}{5} + \frac{7}{5}$　$2\frac{3}{5}\left(\frac{13}{5}\right)$　② $2\frac{1}{4} + \frac{2}{4}$　$3\frac{3}{4}\left(\frac{15}{4}\right)$
③ $3\frac{2}{3} + \frac{2}{3}$　$4\frac{1}{3}\left(\frac{13}{3}\right)$　④ $2\frac{5}{6} + 1\frac{1}{6}$　4

● 朝に $1\frac{2}{5}$ km，夕方には $2\frac{1}{5}$ km 走りました。
$1\frac{2}{5} + 2\frac{1}{5} = 3\frac{3}{5}\left(\frac{18}{5}\right)$　答え $3\frac{3}{5}\left(\frac{18}{5}\right)$km

面積 (6) 名前

① 次の面積を求めましょう。

① 何 m² ですか。また，それは何 a ですか。
$20 \times 30 = 600$
$600m² = 6a$
答え 600m²・6a

② 何 m² ですか。また，それは何 ha ですか。
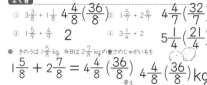
$400 \times 400 = 160000$
$160000m² = 16ha$
答え 160000m²・16ha

② （ ）にあてはまる数を書きましょう。
① 1a＝（ 100 ）m²　② 1ha＝（ 10000 ）m²
③ 1ha＝（ 100 ）a

ふく習

① $3\frac{3}{8} + 1\frac{1}{8}$　$4\frac{4}{8}\left(\frac{36}{8}\right)$　② $1\frac{5}{7} + 2\frac{6}{7}$　$4\frac{4}{7}\left(\frac{32}{7}\right)$
③ $1\frac{5}{9} + \frac{4}{9}$　2　④ $3\frac{1}{4} + 2$　$5\frac{1}{4}\left(\frac{21}{4}\right)$

● きのうは $1\frac{5}{8}$ kg，今日は $2\frac{7}{8}$ kg の重さのじゃがいもを
$1\frac{5}{8} + 2\frac{7}{8} = 4\frac{4}{8}\left(\frac{36}{8}\right)$　答え $4\frac{4}{8}\left(\frac{36}{8}\right)$kg

---

P.63

面積 (7) 名前

① 次の長方形や正方形の面積を求めましょう。

① 式 $2 \times 3 = 6$
答え 6km²

② 1辺が6kmの正方形の面積
式 $6 \times 6 = 36$
答え 36km²

② （ ）にあてはまる数を書きましょう。
① 1km²＝（ 1 ）km×（ 1 ）km
　＝（ 1000 ）m×（ 1000 ）m
　＝（ 1000000 ）m²
② 2km²＝（ 2000000 ）m²
③ 4000000m²＝（ 4 ）km²
④ 10000000m²＝（ 10 ）km²

ふく習

① $3\frac{4}{5} + 1\frac{3}{5}$　$5\frac{2}{5}\left(\frac{27}{5}\right)$　② $1\frac{7}{9} + \frac{5}{9}$　$2\frac{3}{9}\left(\frac{21}{9}\right)$
③ $2\frac{7}{12} + \frac{5}{12}$　3　④ $3 + 1\frac{1}{2}$　$4\frac{1}{2}\left(\frac{9}{2}\right)$

● 牛にゅうが $1\frac{4}{5}$ L ありました。$\frac{2}{5}$ L 買ってきました。
$1\frac{4}{5} + \frac{2}{5} = 2\frac{1}{5}\left(\frac{11}{5}\right)$　答え $2\frac{1}{5}\left(\frac{11}{5}\right)$L

面積 (8) 名前

① （ ）にあてはまる単位を書きましょう。また，□にあてはまる数を書きましょう。

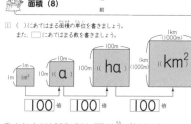
□ 100 倍　□ 100 倍　□ 100 倍

② （ ）にあてはまる面積の単位を，□から選んで書きましょう。
① 秋田県の面積　約11637（ km² ）
② 教室のつくえの面積　約2900（ cm² ）
③ 教室のゆかの面積　約70（ m² ）

| cm² |
| m² |
| km² |

ふく習

① $\frac{9}{8} - \frac{3}{8}$　$\frac{6}{8}$　② $3\frac{9}{10} - 1\frac{3}{10}$　$2\frac{6}{10}\left(\frac{26}{10}\right)$
③ $2\frac{1}{4} - \frac{3}{4}$　$1\frac{2}{4}\left(\frac{6}{4}\right)$　④ $4\frac{4}{5} - 3$　$1\frac{4}{5}\left(\frac{9}{5}\right)$

● ぬのが $4\frac{3}{5}$ m ありましたが，$3\frac{1}{5}$ m 使いました。
$4\frac{3}{5} - 3\frac{1}{5} = 1\frac{2}{5}\left(\frac{7}{5}\right)$　答え $1\frac{2}{5}\left(\frac{7}{5}\right)$m²

P.64

面積（9）　名前

● まわりの長さが20cmになるような長方形や正方形を作って，面積をくらべましょう。

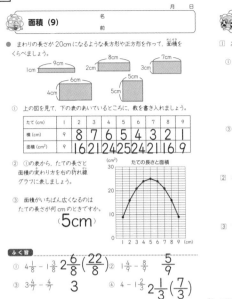

① 上の図を見て，下の表のあいているところに，数を書き入れましょう。

たて (cm)	1	2	3	4	5	6	7	8	9
横 (cm)	9	8	7	6	5	4	3	2	1
面積 (cm²)	9	16	21	24	25	24	21	16	9

② ①の表から，たての長さと面積の変わり方を右の折れ線グラフに表しましょう。

③ 面積がいちばん広くなるのはたての長さが何cmのときですか。

（5cm）

ふく習

① $4\frac{1}{8} - 1\frac{3}{8}$　$2\frac{6}{8}\left(\frac{22}{8}\right)$　② $1\frac{4}{9} - \frac{8}{9}$　$\frac{5}{9}$

③ $3\frac{4}{7} - \frac{4}{7}$　3　④ $4 - 1\frac{2}{3}$　$2\frac{1}{3}\left(\frac{7}{3}\right)$

64　（122%に拡大してご使用ください）

面積　まとめ①　名前

① 次の長方形や正方形の面積を求めましょう。

① $3 \times 7 = 21$
答え 21cm²

② 正方形　$4 \times 4 = 16$
答え 16cm²

③ たてが2km，横が4kmの長方形
式　$2 \times 4 = 8$
答え 8km²

② 右の長方形の横の長さを求めましょう。

$56 \div 7 = 8$
答え 8m

③ 下の図形の面積を求めましょう。

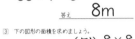

（例）$8 \times 8 = 64$
$4 \times (8 - 5) = 12$
$64 - 12 = 52$
答え 52cm²

P.65

面積　まとめ②　名前

① 1m50cm = 150cm
2m = 200cm
$150 \times 200 = 30000$
30000cm² = 3m²

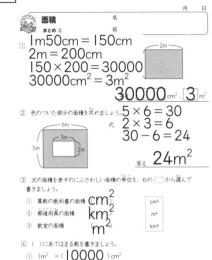

30000 cm²，3 m²

② 色のついた部分の面積を求めましょう。

式　$5 \times 6 = 30$
$2 \times 3 = 6$
$30 - 6 = 24$
答え 24m²

③ 次の面積を表すにふさわしい面積の単位を，右の□から選んで書きましょう。

① 算数の教科書の面積　cm²
② 都道府県の面積　km²
③ 教室の面積　m²

| cm² |
| m² |
| km² |

④ （　）にあてはまる数を書きましょう。

① 1m² = （ 10000 ）cm²
② 1a = （ 100 ）m²
③ 1ha = （ 10000 ）m²
④ 1km² = （ 1000000 ）m²

65　（122%に拡大してご使用ください）

小数のかけ算（1）　名前

● ペットボトルにジュースが0.3L ずつ入っています。このペットボトル5本では，ジュースは全部で何Lになりますか。（　）にあてはまる数を書きましょう。

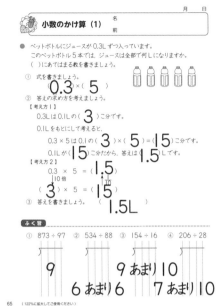

① 式を書きましょう。
（ 0.3 ）×（ 5 ）

② 答えの求め方を考えましょう。
【考え方1】
0.3Lは0.1Lの（ 3 ）こ分です。
0.1Lをもとにして考えると，
0.3 × 5 は 0.1 の（ 3 ）×（ 5 ）=（ 15 ）こ分です。
0.1L が（ 15 ）こ分だから，答えは（ 1.5 ）Lです。

【考え方2】
0.3 × 5 =（ 1.5 ）
（ 3 ）× 5 =（ 15 ）
1.5

③ 答えを書きましょう。
1.5L

ふく習

① 873 ÷ 97　9
② 534 ÷ 88　6 あまり 6
③ 154 ÷ 16　9 あまり 10
④ 206 ÷ 28　7 あまり 10

P.66

小数のかけ算（2）　小数第一位 ×1けた　名前

① 2.7mのテープが3本あります。テープの長さは全部で何mになりますか。

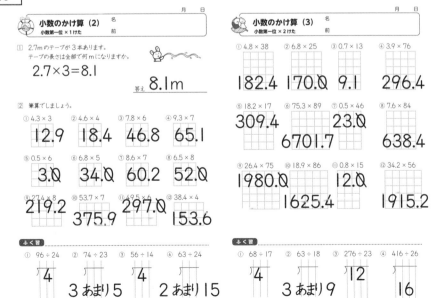

$2.7 \times 3 = 8.1$
答え 8.1m

② 筆算でしましょう。

① 4.3 × 3　12.9
② 4.6 × 4　18.4
③ 7.8 × 6　46.8
④ 9.3 × 7　65.1

⑤ 0.5 × 6　3.0
⑥ 6.8 × 5　34.0
⑦ 8.6 × 7　60.2
⑧ 6.5 × 8　52.0

⑨ 27.4 × 8　219.2
⑩ 53.7 × 7　375.9
⑪ 49.5 × 6　297.0
⑫ 38.4 × 4　153.6

ふく習

① 96 ÷ 24　4
② 74 ÷ 23　3 あまり 5
③ 56 ÷ 14　4
④ 63 ÷ 24　2 あまり 15

66　（122%に拡大してご使用ください）

小数のかけ算（3）　小数第一位 ×2けた　名前

① 4.8 × 38　182.4
② 6.8 × 25　170.0
③ 0.7 × 13　9.1
④ 3.9 × 76　296.4

⑤ 18.2 × 17　309.4
⑥ 75.3 × 89　6701.7
⑦ 0.5 × 46　23.0
⑧ 7.6 × 84　638.4

⑨ 26.4 × 75　1980.0
⑩ 18.9 × 86　1625.4
⑪ 0.8 × 15　12.0
⑫ 34.2 × 56　1915.2

ふく習

① 68 ÷ 17　4
② 63 ÷ 18　3 あまり 9
③ 276 ÷ 23　12
④ 416 ÷ 26　16

P.67

小数のかけ算（4）　小数第二位 ×1けた・2けた　名前

① 3.46 × 3　10.38
② 0.45 × 5　2.25
③ 0.78 × 9　7.02
④ 2.25 × 6　13.50

⑤ 4.75 × 27　128.25
⑥ 7.05 × 76　535.80
⑦ 0.98 × 97　95.06
⑧ 1.25 × 68　85.00

⑨ 0.72 × 75　54.00
⑩ 6.09 × 98　596.82
⑪ 0.08 × 75　6.00
⑫ 7.85 × 16　125.60

ふく習

① 256 ÷ 32　8
② 684 ÷ 84　8 あまり 12
③ 157 ÷ 19　8 あまり 5
④ 153 ÷ 17　9

67　（122%に拡大してご使用ください）

小数のわり算（1）　名前

① ジュースが1.8L あります。このジュースを6人で等分すると，1人分は何Lになりますか。（　）にあてはまる数を書きましょう。

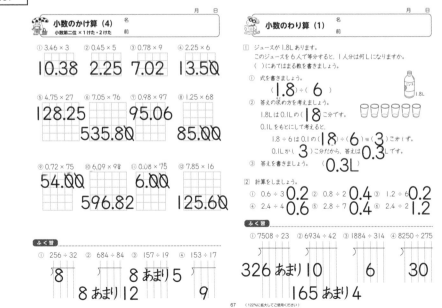

① 式を書きましょう。
（ 1.8 ）÷（ 6 ）

② 答えの求め方を考えましょう。
1.8Lは0.1Lの（ 18 ）こ分です。
0.1Lをもとにして考えると，
1.8 ÷ 6 は 0.1 の（ 18 ）÷（ 6 ）=（ 3 ）こ分です。
0.1L が（ 3 ）こ分だから，答えは（ 0.3 ）です。

③ 答えを書きましょう。
0.3L

② 計算をしましょう。

① 0.6 ÷ 3　0.2
② 0.8 ÷ 2　0.4
③ 1.2 ÷ 6　0.2
④ 2.4 ÷ 4　0.6
⑤ 2.8 ÷ 7　0.4
⑥ 2.4 ÷ 2　1.2

ふく習

① 7508 ÷ 23　326 あまり 10
② 6934 ÷ 42　165 あまり 4
③ 1884 ÷ 314　6
④ 8250 ÷ 275　30

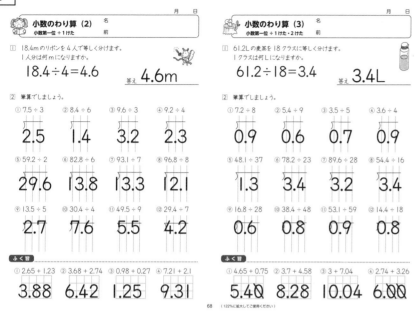

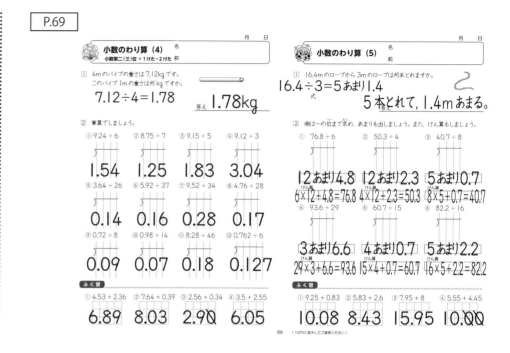

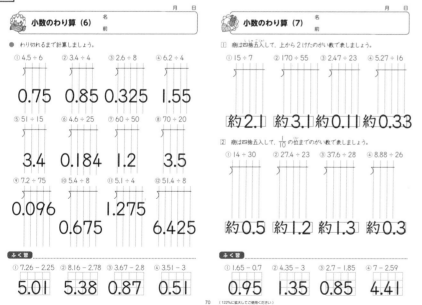

解答

児童に実施させる前に，必ず指導される方が問題を解いてください。本書の解答は，あくまでも1つの例です。指導される方の作られた解答をもとに，本書の解答例を参考に児童の多様な考えに寄り添って○つけをお願いします。

P.68

小数のわり算（2）　小数第一位÷1けた

① 18.4mのリボンを4人で等しく分けます。1人分は何mになりますか。

18.4÷4＝4.6　答え 4.6m

② 筆算でしましょう。

① 7.5÷3 = 2.5　② 8.4÷6 = 1.4　③ 9.6÷3 = 3.2　④ 9.2÷4 = 2.3

⑤ 59.2÷2 = 29.6　⑥ 82.8÷6 = 13.8　⑦ 93.1÷7 = 13.3　⑧ 96.8÷8 = 12.1

⑨ 13.5÷5 = 2.7　⑩ 30.4÷4 = 7.6　⑪ 49.5÷9 = 5.5　⑫ 29.4÷7 = 4.2

ふく習

① 2.65＋1.23 = 3.88　② 3.68＋2.74 = 6.42　③ 0.98＋0.27 = 1.25　④ 7.21＋2.1 = 9.31

小数のわり算（3）　小数第一位÷1けた・2けた

① 61.2Lの麦茶を18クラスに等しく分けます。1クラスは何Lになりますか。

61.2÷18＝3.4　答え 3.4L

② 筆算でしましょう。

① 7.2÷8 = 0.9　② 5.4÷9 = 0.6　③ 3.5÷5 = 0.7　④ 3.6÷4 = 0.9

⑤ 48.1÷37 = 1.3　⑥ 78.2÷23 = 3.4　⑦ 89.6÷28 = 3.2　⑧ 54.4÷16 = 3.4

⑨ 16.8÷28 = 0.6　⑩ 38.4÷48 = 0.8　⑪ 53.1÷59 = 0.9　⑫ 14.4÷18 = 0.8

ふく習

① 4.65＋0.75 = 5.40　② 3.7＋4.58 = 8.28　③ 3＋7.04 = 10.04　④ 2.74＋3.26 = 6.00

P.69

小数のわり算（4）　小数第二（三）位÷1けた・2けた

① 4mのパイプの重さは7.12kgです。このパイプ1mの重さは何kgですか。

7.12÷4＝1.78　答え 1.78kg

② 筆算でしましょう。

① 9.24÷6 = 1.54　② 8.75÷7 = 1.25　③ 9.15÷5 = 1.83　④ 9.12÷3 = 3.04

⑤ 3.64÷26 = 0.14　⑥ 5.92÷37 = 0.16　⑦ 9.52÷34 = 0.28　⑧ 4.76÷28 = 0.17

⑨ 0.72÷8 = 0.09　⑩ 0.98÷14 = 0.07　⑪ 8.28÷46 = 0.18　⑫ 0.762÷6 = 0.127

ふく習

① 4.53＋2.36 = 6.89　② 7.64＋0.39 = 8.03　③ 2.56＋0.34 = 2.90　④ 3.5＋2.55 = 6.05

小数のわり算（5）

① 16.4mのロープから3mのロープは何本とれますか。

16.4÷3＝5あまり1.4　式

5本とれて，1.4mあまる。

② 商は一の位まで求め，あまりも出しましょう。また，けん算もしましょう。

① 76.8÷6 = 12あまり4.8　6×12＋4.8＝76.8

② 50.3÷4 = 12あまり2.3　4×12＋2.3＝50.3

③ 40.7÷8 = 5あまり0.7　8×5＋0.7＝40.7

④ 93.6÷29 = 3あまり6.6　29×3＋6.6＝93.6

⑤ 60.7÷15 = 4あまり0.7　15×4＋0.7＝60.7

⑥ 82.2÷16 = 5あまり2.2　16×5＋2.2＝82.2

ふく習

① 9.25＋0.83 = 10.08　② 5.83＋2.6 = 8.43　③ 7.95＋8 = 15.95　④ 5.55＋4.45 = 10.00

P.70

小数のわり算（6）

● わり切れるまで計算しましょう。

① 4.5÷6 = 0.75　② 3.4÷4 = 0.85　③ 2.6÷8 = 0.325　④ 6.2÷4 = 1.55

⑤ 51÷15 = 3.4　⑥ 4.6÷25 = 0.184　⑦ 60÷50 = 1.2　⑧ 70÷20 = 3.5

⑨ 7.2÷75 = 0.096　⑩ 5.4÷8 = 0.675　⑪ 5.1÷4 = 1.275　⑫ 51.4÷8 = 6.425

ふく習

① 7.26－2.25 = 5.01　② 8.16－2.78 = 5.38　③ 3.67－2.8 = 0.87　④ 3.51－3 = 0.51

小数のわり算（7）

① 商は四捨五入して，上から2けたのがい数で表しましょう。

① 15÷7 = 約2.1　② 170÷55 = 約3.1　③ 2.47÷23 = 約0.11　④ 5.27÷16 = 約0.33

② 商は四捨五入して，1/10の位までのがい数で表しましょう。

① 14÷30 = 約0.5　② 27.4÷23 = 約1.2　③ 37.6÷28 = 約1.3　④ 8.88÷26 = 約0.3

ふく習

① 1.65－0.7 = 0.95　② 4.35－3 = 1.35　③ 2.7－1.85 = 0.85　④ 7－2.59 = 4.41

P.71

小数のわり算（8）　小数倍

● 下のような長さの4色のテープがあります。

色	長さ(cm)
金	80
銀	50
茶	40
赤	25

① 金のテープの長さは，茶のテープの長さの何倍ですか。

80÷40＝2　答え 2倍

② 金のテープの長さは，銀のテープの長さの何倍ですか。

80÷50＝1.6　答え 1.6倍

③ 金のテープの長さは，赤のテープの長さの何倍ですか。

80÷25＝3.2　答え 3.2倍

ふく習

① 3.67－3.24 = 0.43　② 4.25－1.39 = 2.86　③ 8.54－3.9 = 4.64　④ 2.53－2 = 0.53

小数のわり算（9）　小数倍

● 下のような長さの4色のテープがあります。

色	長さ(cm)
青	100
白	80
黄	50
緑	40

① 黄のテープの長さは，青のテープの長さの何倍ですか。

50÷100＝0.5　答え 0.5倍

② 白のテープの長さは，青のテープの長さの何倍ですか。

80÷100＝0.8　答え 0.8倍

③ 緑のテープの長さは，黄のテープの長さの何倍ですか。

40÷50＝0.8　答え 0.8倍

ふく習

① 7.4－0.74 = 6.66　② 1.6－0.63 = 0.97　③ 4－1.72 = 2.28　④ 3－2.77 = 0.23

P.72

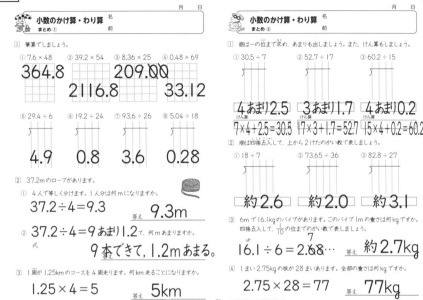

小数のかけ算・わり算 まとめ①

① 筆算でしましょう。
- ① 7.6 × 48 　364.8
- ② 39.2 × 54 　2116.8
- ③ 8.36 × 25 　209.00
- ④ 0.48 × 69 　33.12
- ⑤ 29.4 ÷ 6 　4.9
- ⑥ 19.2 ÷ 24 　0.8
- ⑦ 93.6 ÷ 26 　3.6
- ⑧ 5.04 ÷ 18 　0.28

② 37.2mのロープがあります。
- ① 4人で等しく分けます。1人分は何mになりますか。
  37.2÷4＝9.3　答え 9.3m
- ② 37.2÷4で，何mあまりますか。
  式 37.2÷4＝9あまり1.2
  答え 9本できて，1.2mあまる。

③ 1周が1.25kmのコースを4周走ります。何km走ることになりますか。
1.25×4＝5　答え 5km

小数のかけ算・わり算 まとめ②

① 商は一の位まで求め，あまりも出しましょう。また，けん算もしましょう。
- ① 30.5 ÷ 7 　4あまり2.5　けん算 7×4+2.5=30.5
- ② 52.7 ÷ 17 　3あまり1.7　けん算 17×3+1.7=52.7
- ③ 60.2 ÷ 15 　4あまり0.2　けん算 15×4+0.2=60.2

② 商は四捨五入して，上から2けたのがい数で表しましょう。
- ① 18 ÷ 7 　約2.6
- ② 73.65 ÷ 36 　約2.0
- ③ 82.8 ÷ 27 　約3.1

③ 6mで16.1kgのパイプがあります。このパイプ1mの重さは何kgですか。四捨五入して，1/10の位までのがい数で表しましょう。
16.1÷6＝2.68…　約2.7kg

④ 1まい2.75kgの板が28まいあります。全部の重さは何kgですか。
2.75×28＝77　答え 77kg

72　(122%に拡大してご使用ください)

P.73

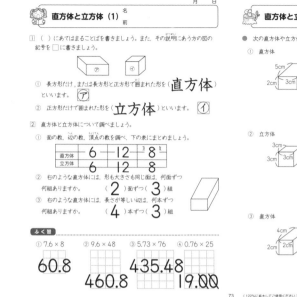
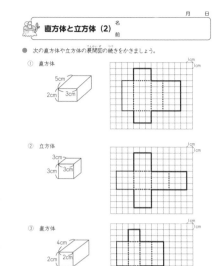

直方体と立方体 (1)

① （ ）にあてはまることばを書きましょう。また，その説明にあう方の図の記号を □ に書きましょう。
- ① 長方形だけ，または長方形と正方形で囲まれた形を（直方体）といいます。　ア
- ② 正方形だけで囲まれた形を（立方体）といいます。　イ

② 直方体と立方体について調べましょう。
① 面の数，辺の数，頂点の数を調べ，下の表にまとめましょう。

	面の数	辺の数	頂点の数
直方体	6	12	8
立方体	6	12	8

② 右のような直方体には，形も大きさも同じ面は，何面ずつ何組ありますか。（ 2 ）面ずつ（ 3 ）組

③ 右のような直方体には，長さが等しい辺は，何本ずつ何組ありますか。（ 4 ）本ずつ（ 3 ）組

ふく習
- ① 7.6 × 8 　60.8
- ② 9.6 × 48 　460.8
- ③ 5.73 × 76 　435.48
- ④ 0.76 × 25 　19.00

直方体と立方体 (2)

● 次の直方体や立方体の展開図の続きをかきましょう。
- ① 直方体 (5cm, 2cm, 3cm)
- ② 立方体 (3cm, 3cm)
- ③ 直方体 (4cm, 2cm)

73　(122%に拡大してご使用ください)

P.74

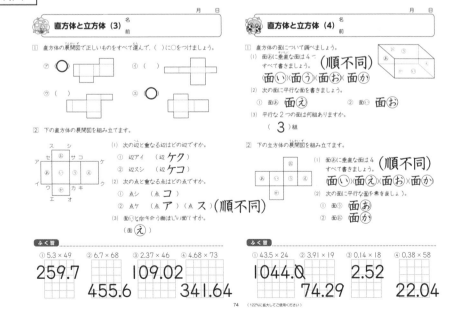

直方体と立方体 (3)

① 直方体の展開図で正しいものをすべて選んで，（ ）に○をつけましょう。
- ⑦ ○
- ④ ( )
- ⑦ ( )
- ⑤ ○

② 下の直方体の展開図を組み立てます。
- ① 次の辺と重なる辺はどの辺ですか。
  ① 辺アイ （辺ケク）
  ② 辺スシ （辺ケコ）
- ② 次の点と重なる点はどの点ですか。
  ① 点シ （点コ）
  ② 点ケ （点ア）（点ス）（順不同）
- ③ 面あと向き合う面（平行な面）はどの面ですか。（面え）

ふく習
- ① 5.3 × 49 　259.7
- ② 6.7 × 68 　455.6
- ③ 2.37 × 46 　109.02
- ④ 4.68 × 73 　341.64

直方体と立方体 (4)

① 直方体の面について調べましょう。
(1) 面あに垂直な面は4つあります。すべて書きましょう。（順不同）
（面い）（面う）（面お）（面か）
(2) 次の面に平行な面を書きましょう。
- ① 面あ （面え）
- ② 面い （面お）
(3) 平行な2つの面は何組ありますか。（ 3 ）組

② 下の立方体の展開図を組み立てます。
(1) 面あに垂直な面は4つあります。すべて書きましょう。（順不同）
（面い）（面え）（面お）（面か）
(2) 次の面に平行な面を書きましょう。
- ① 面あ （面う）
- ② 面い （面か）

ふく習
- ① 43.5 × 24 　1044.0
- ② 3.91 × 19 　74.29
- ③ 0.14 × 18 　2.52
- ④ 0.38 × 58 　22.04

74　(122%に拡大してご使用ください)

P.75

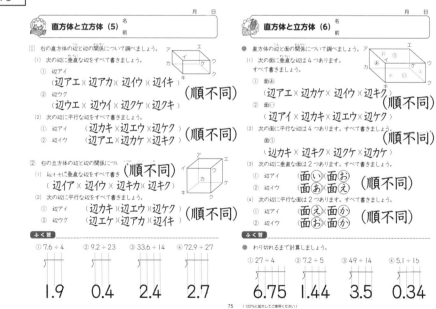

直方体と立方体 (5)

① 右の直方体の辺と辺の関係について調べましょう。
(1) 次の辺に垂直な辺をすべて書きましょう。
- ① 辺アイ （辺アエ）（辺アカ）（辺イウ）（辺イキ）（順不同）
- ② 辺ウエ （辺ウエ）（辺イウ）（辺クケ）（辺クキ）
(2) 次の辺に平行な辺をすべて書きましょう。
- ① 辺アイ （辺カキ）（辺エウ）（辺ケク）（順不同）
- ② 辺イウ （辺アエ）（辺カケ）（辺キク）

② 右の立方体の辺と辺の関係について
(1) 辺アイに垂直な辺をすべて書きましょう。（順不同）
（辺イア）（辺イウ）（辺キカ）（辺キク）
(2) 次の辺に平行な辺をすべて書きましょう。
- ① 辺アイ （辺カキ）（辺エウ）（辺ケク）（順不同）
- ② 辺ウク （辺エケ）（辺アカ）（辺イキ）

ふく習
- ① 7.6 ÷ 4 　1.9
- ② 9.2 ÷ 23 　0.4
- ③ 33.6 ÷ 14 　2.4
- ④ 72.9 ÷ 27 　2.7

直方体と立方体 (6)

● 直方体の辺と面の関係について調べましょう。
(1) 次の面に垂直な辺は4つあります。すべて書きましょう。
- ① 面あ （辺アエ）（辺カケ）（辺イウ）（辺キク）（順不同）
- ② 面い （辺アイ）（辺カキ）（辺エウ）（辺ケク）
(2) 次の面に平行な辺は4つあります。すべて書きましょう。
- ① 面お （順不同）
（辺カキ）（辺キク）（辺クケ）（辺ケカ）
(3) 次の辺に垂直な面は2つあります。すべて書きましょう。
- ① 辺アイ （面い）（面お）（順不同）
- ② 辺ウエ （面あ）（面え）
(4) 次の辺に平行な面は2つあります。すべて書きましょう。
- ① 辺アイ （面え）（面か）（順不同）
- ② 辺イウ （面お）（面か）

ふく習
● わり切れるまで計算しましょう。
- ① 27 ÷ 4 　6.75
- ② 7.2 ÷ 5 　1.44
- ③ 49 ÷ 14 　3.5
- ④ 5.1 ÷ 15 　0.34

75　(122%に拡大してご使用ください)

P.76

直方体と立方体（7）

● 下の直方体や立方体を見て，見取図の続きをかきましょう。

① 直方体
② 立方体

ふく習

① 9.6÷6 ＝ 1.6
② 70.04÷34 ＝ 2.06
③ 82.08÷27 ＝ 3.04
④ 60.12÷18 ＝ 3.34

直方体と立方体（8）

① 次のしるしの位置を【例】のように，横とたての長さで表しましょう。

【例】■（横2m，たて4m）
① ▲（横1m，たて3m）
② ●（横3m，たて5m）
③ ◆（横5m，たて2m）
④ ★（横3m，たて0m）

② それぞれの位置を，右の図の中に表しましょう。
① ○（横3m，たて4m）
② △（横5m，たて2m）
③ □（横1m，たて2m）
④ ●（横6m，たて6m）
⑤ ▲（横0m，たて4m）
⑥ ■（横3m，たて0m）

ふく習
● 商は一の位まで求め，あまりも出しましょう。
① 24.3÷8 ＝ 3あまり0.3
② 38.6÷4 ＝ 6あまり2.3
③ 86.3÷14 ＝ 9あまり2.6
④ 82.1÷27 ＝ 3あまり1.1

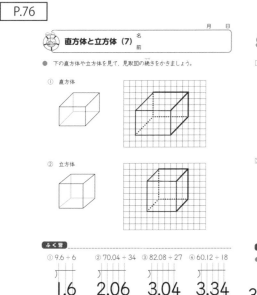
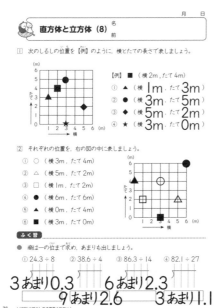

P.77

直方体と立方体（9）

① 下の図の⑦，⑦，⑦，⑦の位置を，点Aをもとにして，（横，たて，高さ）で表しましょう。

⑦（横1m，たて1m，高さ1m）
⑦（横1m，たて3m，高さ4m）
⑦（横4m，たて2m，高さ5m）
⑦（横4m，たて5m，高さ2m）

② 下の直方体で，頂点Eをもとにして，ほかの頂点の位置を表しましょう。

① 頂点B（横7m，たて0m，高さ3m）
② 頂点G（横7m，たて4m，高さ0m）
③ 頂点A（横0m，たて0m，高さ3m）

ふく習
● 商は四捨五入して，上から2けたのがい数で求めましょう。
① 9.7÷3 ＝ 約3.2
② 37÷17 ＝ 約2.2
③ 7.64÷12 ＝ 約0.64
④ 8.24÷26 ＝ 約0.32

直方体と立方体　まとめ

① 下の直方体の展開図の続きをかきましょう。

② 右の直方体の展開図を組み立てます。
(1) 次の面と平行になる面を書きましょう。
① 面あ（面う）
② 面い（面か）
(2) 面いと垂直になる面をすべて書きましょう。
（面あ）（面う）
（面お）（面か）　（順不同）

③ 右の直方体について答えましょう。
(1) 面いと垂直になる辺をすべて書きましょう。
（辺アオ）（辺イカ）
（辺ウキ）（辺エク）　（順不同）
(2) 辺カキと平行になる辺をすべて書きましょう。
（辺アエ）（辺イウ）
（辺オク）　（順不同）

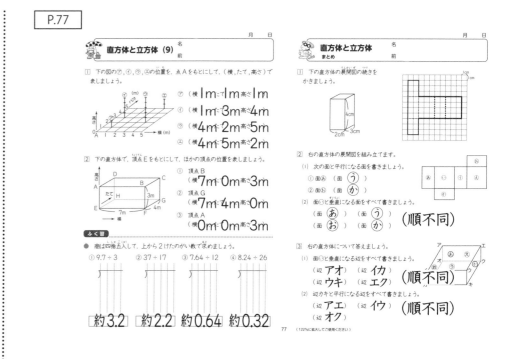

P.78

漢字の組み立て（1）

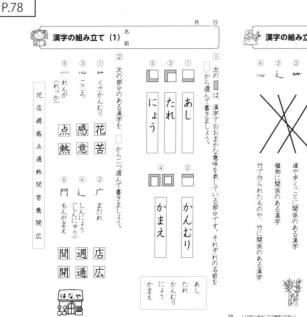

漢字の組み立て（2）

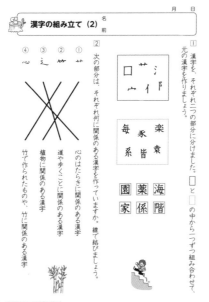

P.79

漢字辞典の使い方（1）

漢字辞典の使い方（2）

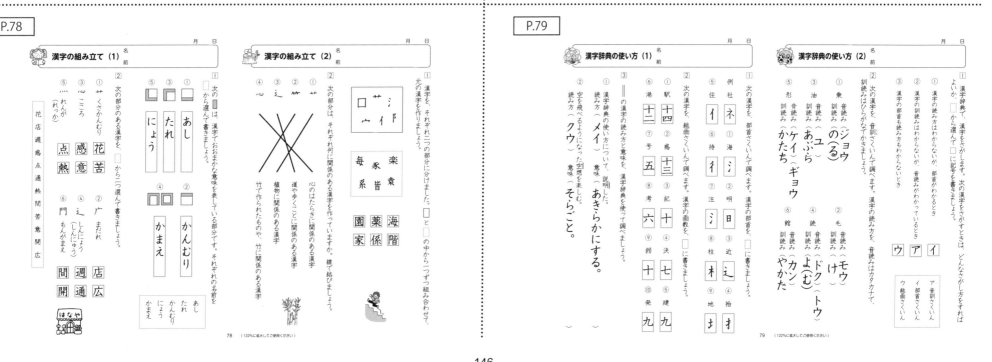

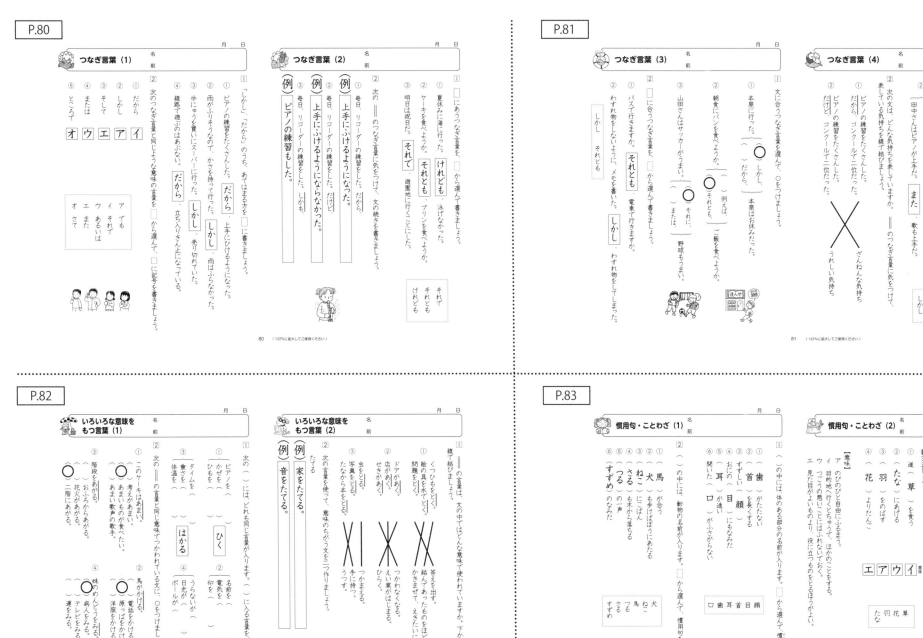

P.84

P.85

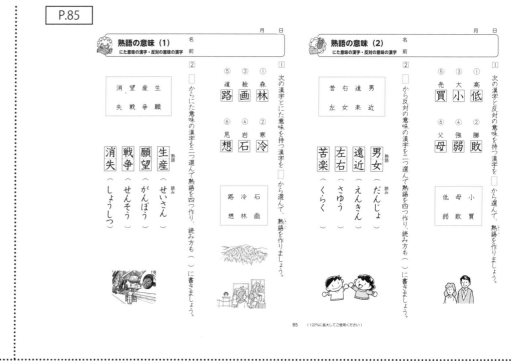

P.86

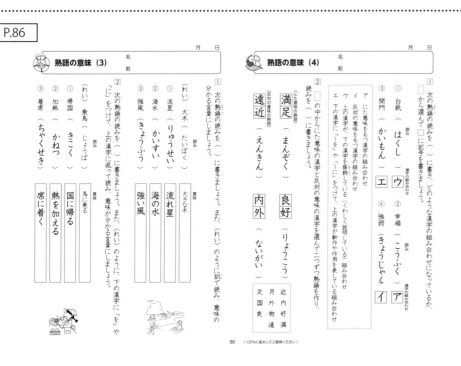

P.87

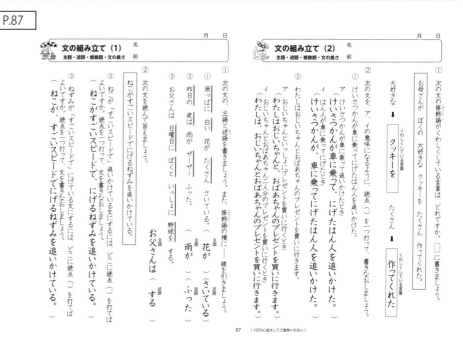

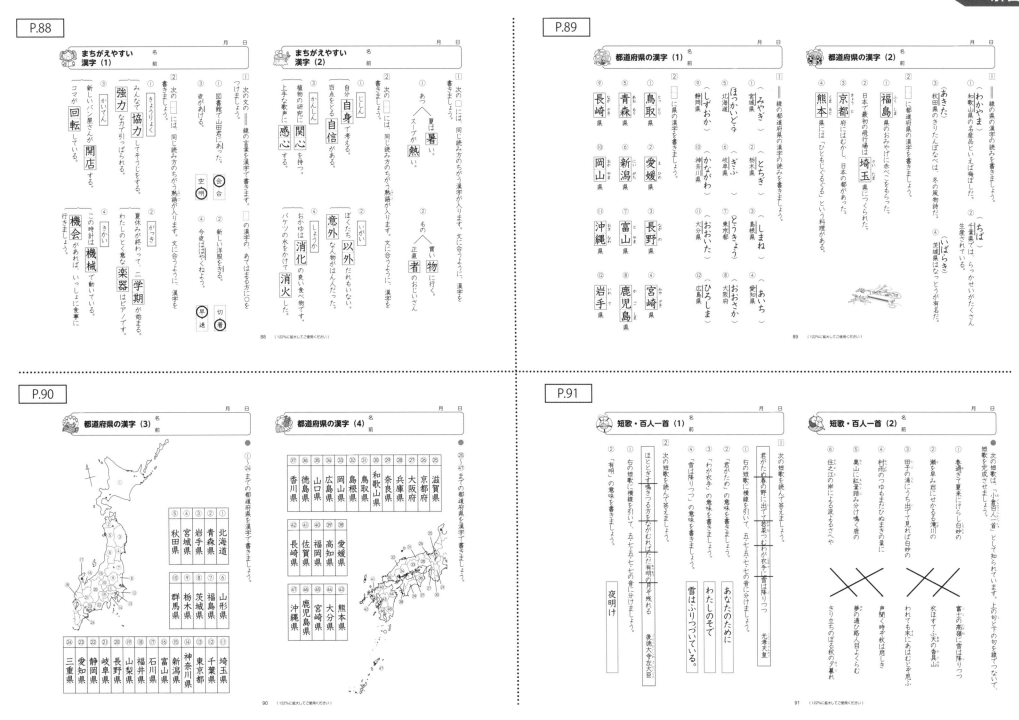

P.92

ローマ字 (1) 五十音・濁音　名前　月　日

① 次のローマ字の読みを書きましょう。

① tamago （たまご）　② denwa （でんわ）　③ osara （おさら）

④ turu （つる）　⑤ yasai （やさい）　⑥ kanzume （かんづめ）

② 次の言葉をローマ字で書きましょう。

kutibiru （chi）　kuzira （ji）　mame　まめ

asagao　あさがお　hasami　はさみ　memo　メモ

hon'ya　ほんや　nabe　なべ　kanzi （ji）　かんじ

ローマ字 (2) 五十音・濁音　名前　月　日

● 次の言葉をローマ字で書きましょう。

asahi　あさひ　kamera　カメラ　suika　スイカ

tumiki （tsu）　ninzin （ji）　hituzi （tsu）（ji）

meiro　めいろ　yoru　よる　renkon　れんこん

wanage　わなげ　usagi　うさぎ　kuri　くり

semi　セミ　maturi （tsu）　まつり　tegami　てがみ

P.93

ローマ字 (3) ぱぴぷぺぽ・小さいゃゅょ　名前　月　日

① 次のローマ字の読みを書きましょう。

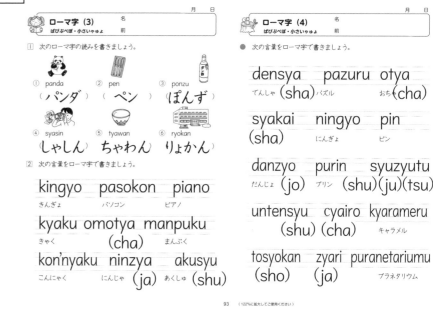

① panda （パンダ）　② pen （ペン）　③ ponzu （ぽんず）

④ syasin （しゃしん）　⑤ tyawan （ちゃわん）　⑥ ryokan （りょかん）

② 次の言葉をローマ字で書きましょう。

kingyo　きんぎょ　pasokon　パソコン　piano　ピアノ

kyaku　きゃく　omotya （cha）　manpuku　まんぷく

kon'nyaku　こんにゃく　ninzya （ja）　にんじゃ　akusyu （shu）　あくしゅ

ローマ字 (4) ぱぴぷぺぽ・小さいゃゅょ　名前　月　日

● 次の言葉をローマ字で書きましょう。

densya てんしゃ（sha）　pazuru パズル　otya おち（cha）

syakai （sha）　ningyo にんぎょ　pin ピン

danzyo だんじょ（jo）　purin プリン　syuzyutu （shu）（ju）（tsu）

untensyu （shu）　cyairo （cha）　kyarameru キャラメル

tosyokan （sho）　zyari （ja）　puranetariumu プラネタリウム

P.94

ローマ字 (5) のばす音・つまる音　名前　月　日

① 次のローマ字の読みを書きましょう。

① otôsan （おとうさん）　② okâsan （おかあさん）　③ ryôri （りょうり）

④ kyûshoku （きゅうしょく）　⑤ tyûrippu （チューリップ）　⑥ kappa （カッパ）

⑦ kyôkasyo （きょうかしょ）　⑧ gyûnyû （ぎゅうにゅう）　⑨ teppô （てっぽう）

② 次の言葉をローマ字で書きましょう。

pûru　プール　batto　バット　bôsi （shi）

dôbutu （tsu）　どうぶつ　happa　はっぱ　zekken　ゼッケン

ローマ字 (6) のばす音・つまる音　名前　月　日

● 次の言葉をローマ字で書きましょう。

zyûsu （jû）　hûsen （fû）　gakki　がっき

tôhu とう（fu）　pînattu ピーナッ（ttu）　gyûniku　ぎゅうにく

sômen　そうめん　nattô　なっとう　tyôtyo （chô）（cho）

bôto　ボート　gyôza　ギョーザ　syanpû （sha）

tokkyûressya とっきゅうれっしゃ（ssha）　mattoundô　マットうんどう

P.95

都道府県のローマ字 (1)　名前　月　日

● ①～㉔ までの都道府県をローマ字で書きましょう。

（解答例）

①	HOKKAIDÔ
②	AOMORI
③	IWATE
④	MIYAGI
⑤	AKITA
⑥	YAMAGATA
⑦	FU (HU) KUSI (SHI) MA
⑧	IBARAKI
⑨	TOTI (CHI) GI
⑩	GUNMA
⑪	SAITAMA
⑫	TI (CHI) BA
⑬	TÔKYÔ
⑭	KANAGAWA
⑮	NÎGATA
⑯	TOYAMA
⑰	ISI (SHI) KAWA
⑱	FU (HU) KUI
⑲	YAMANASI (SHI)
⑳	NAGANO
㉑	GIFU (HU)
㉒	SI (SHI) ZUOKA
㉓	AITI (CHI)
㉔	MIE

都道府県のローマ字 (2)　名前　月　日

● ㉕～㊼ までの都道府県をローマ字で書きましょう。

（解答例）

㉕	SI (SHI) GA	㊻	KAGOSI (SHI) MA
㉖	KYÔTO	㊼	OKINAWA
㉗	ÔSAKA		
㉘	HYÔGO		
㉙	NARA		
㉚	WAKAYAMA		
㉛	TOTTORI		
㉜	SI (SHI) MANE		
㉝	OKAYAMA		
㉞	HIROSI (SHI) MA		
㉟	YAMAGUTI (CHI)		
㊱	TOKUSI (SHI) MA		
㊲	KAGAWA		
㊳	EHIME		
㊴	KÔTI (CHI)		
㊵	HU (HU) KUOKA		
㊶	SAGA		
㊷	NAGASAKI		
㊸	KUMAMOTO		
㊹	ÔITA		
㊺	MIYAZAKI		

P.96

日本の地方区分

● 白地図の，1～47の都道府県名を□の中に書きましょう。

1	北海道	27	大阪府	41	佐賀県
2	青森県	28	兵庫県	42	長崎県
3	岩手県	29	奈良県	43	熊本県
4	宮城県	30	和歌山県	44	大分県
5	秋田県	31	鳥取県	45	宮崎県
6	山形県	32	島根県	46	鹿児島県
7	福島県	33	岡山県	47	沖縄県
8	茨城県	34	広島県		
9	栃木県	35	山口県		
10	群馬県	36	徳島県		
11	埼玉県	37	香川県		
12	千葉県	38	愛媛県		
13	東京都	39	高知県		
14	神奈川県	40	福岡県		
15	新潟県				
16	富山県				
17	石川県				
18	福井県				
19	山梨県				
20	長野県				
21	岐阜県				
22	静岡県				
23	愛知県				
24	三重県				
25	滋賀県				
26	京都府				

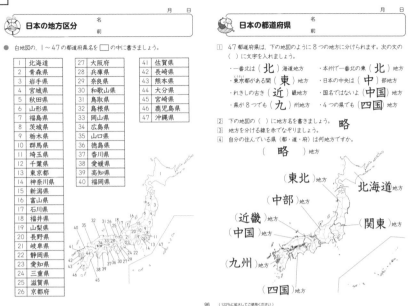

日本の都道府県

① 47都道府県は，下の地図のように8つの地方に分けられます。次の文の（　）に文字を入れましょう。

・一番北は（北）海道地方　　・本州で一番北の東は（北）地方
・東京都がある関（東）地方　・日本の中央は（中）地方
・れきしの古き（近）畿地方　・国名ではない（中国）地方
・県が8つでも（九）州地方　・4つの県でも（四国）地方

② 下の地図の（　）に地方名を書きましょう。
③ 地方を分ける線を赤でなぞりましょう。　　略
④ 自分の住んでいる県（都・道・府）は何地方ですか。

（　略　）地方

（東北）地方
（北海道）地方
（中部）地方
（近畿）地方
（中国）地方
（関東）地方
（九州）地方
（四国）地方

P.97

地図の見方（1）　地図記号・方位

① 下の地図記号が表すものを□の中から選んで，（　）に記号で書きましょう。

（ク）（オ）（サ）（カ）（ア）（ケ）（コ）（イ）（ウ）（キ）（エ）

⑦ ゆうびん局　④ 消防しょ　⑦ 山頂　② かじゅ園　⑦ 病院
⑦ 工場　⑦ 図書館　⑦ 神社　② 市役所　③ けいさつしょ　② お寺

② 上の地図記号のようなしせつや場所は，自分の家から見ると，どの方角にありますか。ある方角に記号を書きこみ，その場所の名前も書きましょう。

（例）⑦○○神社

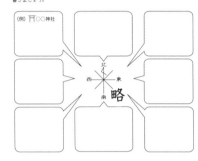

北
西　東
南
略

地図の見方（2）　縮尺

● わたしの点から，それぞれの建物・しせつの点までのおおよそのきょりを，下の縮尺を使って考えましょう。

※ヒント：じょうぎをあてて，はかる。

0　　　　　500m

このものさしは，縮尺といいます。全部で500mですから，1目もり100mです。

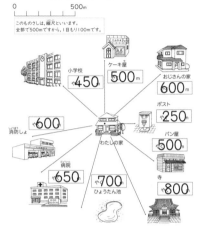

小学校　450
ケーキ屋　500m
おじさんの家　600m
ポスト　250
消防しょ　600
わたしの家
パン屋　500m
病院　650
ひょうたん池　700
寺　800

P.98

私たちの県と市町村

① 右の日本地図で自分の住んでいる県（都・道・府）をさがして，赤でぬりましょう。また，まわりにはどんな県があるか書きましょう。

略

② 自分の住む県（都・道・府）のだいたいの形を下に書きましょう。

略

③ 自分の住む市（区・町・村）は，②の地図のどのあたりにありますか。赤○をつけましょう。それは県（都・道・府）のどのあたりか説明しましょう。

略

④ 自分の住む市（区・町・村）のまわりには，どんな市（区・町・村）がありますか。下に名前を書きましょう。

略

⑤ 自分の住む県の中で行ったことがあるところや知っている市（区・町・村）があれば，下に書きましょう。

略

県（都・道・府）の土地のようす

① 自分の住む県（都・道・府）に海があれば，海の名前を調べて書きましょう。

海の名前

略

② 自分の住む県（都・道・府）に山地や山脈があれば，名前を調べて書きましょう。

山地・山脈の名前

略

③ 自分の住む県（都・道・府）には，平野や盆地がありますか。調べて名前を書きましょう。

略

④ 上の□に自分の住む県（都・道・府）の地図をかき，海，山地，山脈，平野，盆地がどのあたりにあるか書きましょう。

略

⑤ 平野についての文のうち，正しいものすべてに○をつけましょう。

（　）山の高いところにある。
（○）大きな川が海に流れこむところにある。
（○）海に面したところに多い。
（　）川の上流に多い。

P.99

くらしと水

● 下の絵を参考にして，水道のじゃ口が家の中のどこにあるか調べ，水をどのように使っているのか書きましょう。

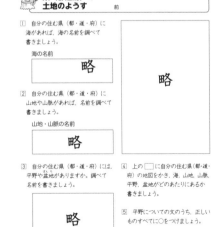

（例）

じゃ口のある場所	使い方
キッチン（台所）	料理やあらい物，飲み水に使う。
洗面所	歯みがき，手あらい，洗たくに使う。
お風呂場（バスルーム）	シャワーやお風呂に入るのに使う。
トイレ（便所）	流すのに使う。

学校内のじゃ口と水の通る道

① あなたは学校で，どんなときに水を使いますか。

（例）トイレ，手あらい，うがい，そうじ，習字，図工，水やり

② 下の学校の図では，どこにじゃ口がありますか。

学校のじゃ口のある場所
W…トイレ

（例）水飲み場，トイレ，給食室，保健室，プール，校長室，事む室，しょく員室，おうせつ室，用む員室，図工室

③ 学校で水をたくさん使うところベスト5はどこだと思いますか。予想して書きましょう。

（例）（給食室　）（トイレ　）（水飲み場）
（家庭科室）（プール　）

P.100

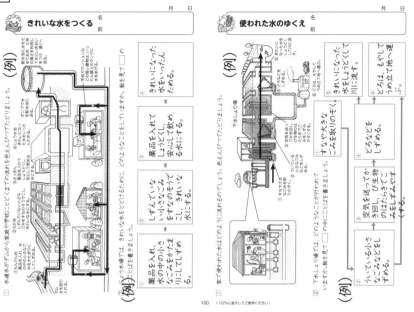

きれいな水をつくる　名前

使われた水のゆくえ　名前

P.101

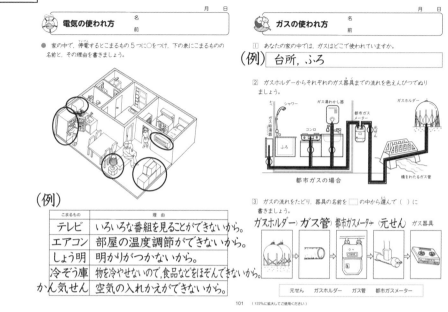

電気の使われ方　名前

● 家の中で，停電するとこまるもの5つに○をつけ，下の表にこまるものの名前と，その理由を書きましょう。

（例）

こまるもの	理由
テレビ	いろいろな番組を見ることができるから。
エアコン	部屋の温度調節ができないから。
しょう明	明かりがつかないから。
冷ぞう庫	物を冷やせないので，食品などをほぞんできないから。
かん気せん	空気の入れかえができないから。

ガスの使われ方　名前

① あなたの家の中では，ガスはどこで使われていますか。

（例）　台所，ふろ

② ガスホルダーからそれぞれのガス器具までの流れを色えんぴつでぬりましょう。

都市ガスの場合

③ ガスの流れをたどり，器具の名前を□の中から選んで（　）に書きましょう。

ガスホルダー → ガス管 → 都市ガスメーター → 元せん → ガス器具

元せん　　ガスホルダー　　ガス管　　都市ガスメーター

P.102

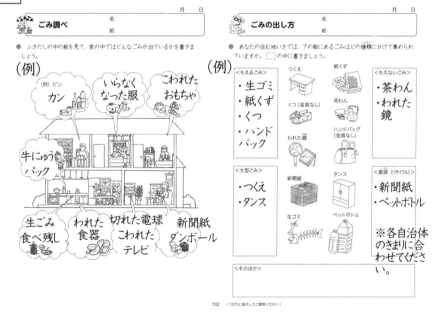

ごみ調べ　名前

● ふきだしの中の絵を見て，家の中ではどんなごみが出ているかを書きましょう。

（例）

ごみの出し方　名前

● あなたの住む地いきでは，下の絵にあるごみはどの種類に分けて集められていますか。□の中に書きましょう。

（例）

＜もえるごみ＞
・生ゴミ
・紙くず
・くつ
・ハンドバック

＜大型ごみ＞
・つくえ
・タンス

＜もえないごみ＞
・茶わん
・われた鏡

＜資源（リサイクル）＞
・新聞紙
・ペットボトル

※各自治体のきまりに合わせてください。

＜そのほか＞

P.103

ごみのしゅう集　名前

① ごみしゅう集車は，ごみを集めるために，どんなしくみになっていますか。（　）に記号を書きましょう。

① 生ごみの中の水をためておくところ。
② ごみのようすを見ながらごみをおしたり，くだいたりそうすするところ。
③ 足でふむと非常ブレーキがかかるところ。
④ 入れられたごみをおしつぶしてつめこんでいくところ。
⑤ ごみの量を見るところ。
⑥ ちりとりなど，かんたんなそうじ道具を入れるところ。

② 自分の住む地いきでは，もえるごみのしゅう集は，週何回何曜日にありますか。

もえるごみ

※地域の実情に合わせて解答を作成してください。

生まれ変わる資源ごみ（リサイクルごみ）　名前

① 資源ごみ（リサイクルごみ）は，何に生まれ変わるのでしょうか。線で結びましょう。

ペットボトル　ガラスびん　スチールかん　アルミかん　紙

新しいびん　新しいかん　はりがねや缶などの鉄製品　再生紙を使った製品　服などの新製品

② リサイクルのほかにも，ごみをへらす方法を考えてみましょう。

（例）ごみになる物をつくらない。ごみになるような物を買わない。など

P.104

さまざまな自然災害　名前

① 下の絵は，どんな自然災害が起こった後のようすですか。○をつけましょう。

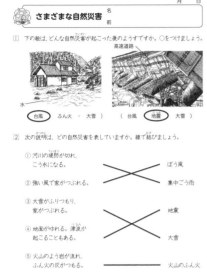

（ 台風 ・ ふん火 ・ 大雪 ）　　（ 台風 ・ 地震 ・ 大雪 ）

② 次の説明は，どの自然災害を表していますか。線で結びましょう。

① 河川の堤防が切れ，こう水になる。 — ぼう風

② 強い風で家がつぶれる。 — 集中ごう雨

③ 大雪がふりつもり，家がつぶれる。 — 地震

④ 地面がゆれる。津波が起こることもある。 — 大雪

⑤ 火山のよう岩が流れ，ふん火の灰がつもる。 — 火山のふん火

地震と私たちの生活　名前

① 地震になったら，どんなことが起こるでしょう。□の中からあてはまることばを選んで，次の文の（　）の中にことばを書きましょう。

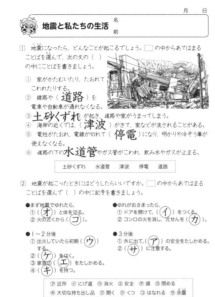

① 家がかたむいたり，たおれてこわれたりする。
② 線路や（ 道路 ）を電車や自動車が通れなくなる。
③ 土砂くずれが起き，道路や家がうまってしまう。
④ 海岸の近くでは，（ 津波 ）がきて，家などが流されることがある。
⑤ 電柱がたおれたり，電線が切れて（ 停電 ）になり，明かりや冷ぞう庫が使えなくなる。
⑥ 道路の下の（ 水道管 ）やガス管がこわれ，飲み水やガスが止まる。

土砂くずれ　水道管　津波　停電　道路

② 地震が起こったときにはどうしたらいいですか。□の中からあてはまることばを選んで（　）の中に記号を書きましょう。

●まず地震でゆれたら，
① （ オ ）の下を守る。
② 火の近くから（ コ ）はなれる。

●ゆれがおさまったら，
① ドアを開けて，（ イ ）をつくる。
② コンロの火を消し，元せんを（ カ ）。

●1～2分後
① 出火していたら初期（ ウ ）する。
② （ ケ ）をくつ。
③ 家族の（ エ ）をたしかめる。
④ （ キ ）を持つ。

●3分後
① 外に出て，（ ア ）の安全をたしかめる。
② （ サ ）に注意する。

⑦ 近所　⑦ にげ道　⑦ 消火　④ 安全　⑦ 頭　⑦ 閉める
⑦ 大切な持ち出し品　⑦ 開く　⑦ くつ　⑦ はなれる　⑦ 余震

P.105

地震にそなえる　名前

● 地震が起こったときのことを考えて，家で話し合ったり準備したりしていることに，☑の印を入れましょう。

※ 解答は家の様子に合わせて☑を確認してください。

① 家族で準備していること
□ 水道が止まったり，停電し
□ 家具がたおれないようにした
□ 家族での練習をしている。

② 災害時に持ち出すものをたしかめる
□ ひなんの時の道具の準備や，非常持ち出しぶくろをつくっている。
□ 非常持ち出し品がどこにあるのかわかっている。
□ 食料と水（保存食や飲料水用タンク）のある場所をたしかめている。
□ 持ち物の分たんを決めてある。

③ ひなん場所とひなんの道すじをたしかめる（特に津波のきけんがある場合）
□ ひなんビルなどをたしかめる。
□ とにかく高いところへにげるための場所を考えている。
□ ひなんの道すじが，行き止まりにならないようにたしかめている。
□ ひなんの道すじにある，きけんな場所やきけん物をたしかめている。

④ 家族との連らく方法
□ ひなんしたとき，家族が集まる場所を決めている。
□ 地震が，昼の場合と夜の場合と考えている。
□ もしもの時の伝言ダイヤルを教えてもらっている。

学校や市町村の取り組み　名前

① 地震の被害を防ぐため，学校や市区町村などが行っている取り組みについて，（　）にあてはまることばを□から選びましょう。

① 学校や地いきで（ ひなん訓練 ）を何度も行う。
② 被害のはん囲を予測した（ ハザードマップ ）を作る。
③ 地震が起きたら，（ 緊急地震速報 ）を出して知らせる。
④ 学校やその他の建物の（ 耐震工事 ）を行う。
⑤ 県や市などが（ 防災計画 ）を立て，市民に知らせる。
⑥ 防災倉庫を設置し，防災道具や水，食料をためてそなえる。
⑦ （ けいさつ ）や（ 消防 ）と協力の仕方を決めておく。
（ 消防 ）（ けいさつ ）

防災倉庫　ひなん訓練　消防　ハザードマップ
緊急地震速報　耐震工事　けいさつ　防災計画

② 市町村の防災訓練で行われていることについて，あてはまる文すべてに○をつけましょう。

（　）ハザードマップをつくる。
（ ○ ）ひなん所を設置し，トイレなどを体験してもらう。
（　）びちく品の倉庫を点検する。
（ ○ ）津波の時のにげ場をたしかめる。
（　）学校の耐震工事を計画する。
（ ○ ）人工こきゅう法など救命救急の方法を体験する。

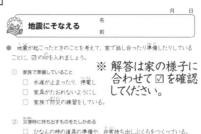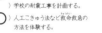

P.106

県に残る文化財　名前

● 次の写真のものの説明として正しいものを⑦～⑦から選び，記号を（　）の中に書きましょう。

＜昔の地いき調べ＞
⑦ 鳥居があり，神様をまつっている建物。
⑦ おはかがあり，仏様がまつられているところ。
⑦ 小さなじぞうさまのほこら。
⑦ 家の外に置かれ，健康や安全をいのるじぞうさま。
⑦ れんがをつんで造った建物で，140年ぐらい前に日本に伝わる。
⑦ 深くほったあなに水をため，くみ上げて使うようにしたところ。
⑦ 戦争でなくなった人たちをお祈りする石碑。
⑦ まどや入口に，格子に組んだ戸をつけた古い家。

① （ ク ）　② （ ア ）　③ （ エ ）　④ （ オ ）
⑤ （ イ ）　⑥ （ キ ）　⑦ （ カ ）　⑧ （ ウ ）

県に残る年中行事や祭り　名前

① 次の年中行事は一年のうちいつごろ行われているのか，表の関係の深い月に1つずつ書きましょう。

おぼんのはかまいり　はつもうで　節分　ひな祭り
たんごの節句　お花見　田植え　大みそか
七五三　七夕　菊花展　お月見

一月	はつもうで	七月	七夕
二月	節分	八月	おぼんのはかまいり
三月	ひな祭り	九月	お月見
四月	お花見	十月	菊花展
五月	たんごの節句	十一月	七五三
六月	田植え	十二月	大みそか

② 次の絵はどんな年中行事ですか。下の□から選んで記号を書きましょう。

② （ ② ）　③ （ ③ ）　④ （ ④ ）　① （ ① ）　⑤ （ ⑤ ）

① クリスマス　② お正月　③ 七夕
④ 節分　⑤ おぼんのはかまいり

P.107

祭りの道具調べ（1）　名前

● 下の絵のような，昔から続いている祭りの道具の名前を調べ，□の中から選んで書きましょう。

ちょうちん　まつりせんす　おめん
ねじりはちまき　ししまい　みこし

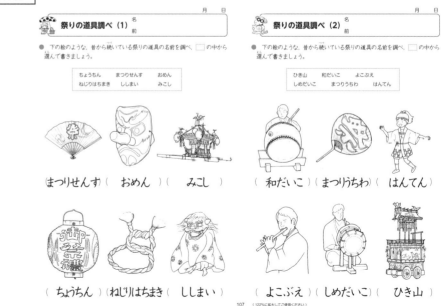

（ まつりせんす ）（ おめん ）（ みこし ）
（ ちょうちん ）（ ねじりはちまき ）（ ししまい ）

祭りの道具調べ（2）　名前

● 下の絵のような，昔から続いている祭りの道具の名前を調べ，□の中から選んで書きましょう。

ひき山　和だいこ　よこぶえ
しめだいこ　まつりうちわ　はんてん

（ 和だいこ ）（ まつりうちわ ）（ はんてん ）
（ よこぶえ ）（ しめだいこ ）（ ひき山 ）

児童に実施させる前に，必ず指導される方が問題を解いてください。本書の解答は，あくまでも１つの例です。指導される方の作られた解答をもとに，本書の解答例を参考に児童の多様な考えに寄り添って○つけをお願いします。

P.108

昔の開発を調べよう　名前

下の絵は昔の開発のようすを表したものです。絵を見て問題に答えましょう。

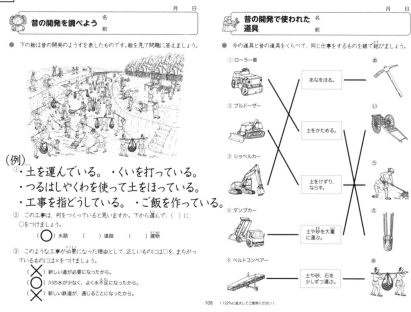

（例）
・土を運んでいる。　・くいを打っている。
・つるはしやくわを使って土をほっている。
・工事を指どうしている。　・ご飯を作っている。

② この工事は，何をつくっていると思いますか。下から選んで，（　）に○をつけましょう。

　（　○　）水路　　（　）道路　　（　）建物

③ このような工事が必要になった理由として，正しいものには○を，まちがっているものには×をつけましょう。

　（　×　）新しい道が必要になったから。
　（　○　）川の水が少なく，よく水不足になったから。
　（　×　）新しい鉄道が，通じることになったから。

昔の開発で使われた道具　名前

今の道具と昔の道具をくらべて，同じ仕事をするものを線で結びましょう。

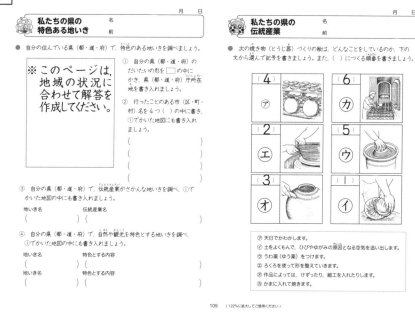

① ローラー車
② ブルドーザー
③ ショベルカー
④ ダンプカー
⑤ ベルトコンベアー

あなをほる。
土をかためる。
土をけずり，ならす。
土や砂を大量に運ぶ。
土や砂，石を少しずつ運ぶ。

P.109

私たちの県の特色ある地いき　名前

自分の住んでいる県（都・道・府）で，特色のある地いきを調べましょう。

※ このページは，地域の状況に合わせて解答を作成してください。

① 自分の県（都・道・府）のだいたいの形を□の中にかき，県（都・道・府）庁所在地を書き入れましょう。

② 行ったことのある市（区・町・村）名を４つ（　）の中に書き，①でかいた地図にも書き入れましょう。

　（　）
　（　）
　（　）
　（　）

③ 自分の県（都・道・府）で，伝統産業がさかんな地いきを調べ，①でかいた地図の中にも書き入れましょう。

地いき名　　　伝統産業名
（　　）　　　（　　）
（　　）　　　（　　）

④ 自分の県（都・道・府）で，自然や観光を特色とする地いきを調べ，①でかいた地図の中にも書き入れましょう。

地いき名　　　特色とする内容
（　　）　　　（　　）
（　　）　　　（　　）

私たちの県の伝統産業　名前

次の焼き物（とうじ器）づくりの絵は，どんなことをしているのか，下の文から選んで記号を書きましょう。また，（　）につくる順番を書きましょう。

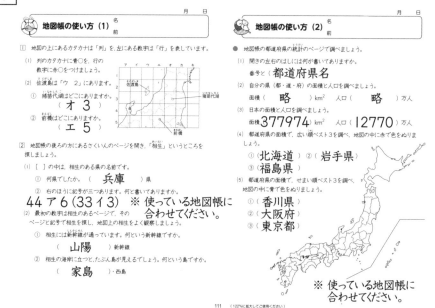

（４）⑦　（６）カ
（２）エ　（５）ウ
（３）オ　（１）イ

㋐ 天日でかわかします。
㋑ 土をよくこんで，ひびやゆがみの原因となる空気を追い出します。
㋒ うわ薬（ゆう薬）をつけます。
㋓ ろくろを使って形を整えていきます。
㋔ 作品によっては，けずったり，細工を入れたりします。
㋕ かまに入れて焼きます。

P.110

友好都市（1）　名前

自分の住んでいる市（区・町・村）の友好都市について調べ，表に書き入れましょう。また，下の地図の中に赤色で印をつけましょう。

日本

	都道府県名	市区町村名
①		
②		

外国

	国名	市区町村名
①		
②		
③		

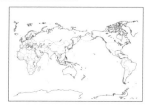

※ このページは，地域の状況に合わせて解答を作成してください。

友好都市（2）　名前

市のホームページから都市交流協会などにアクセスし，友好都市についてくわしく調べましょう。

都市の名前		
場所（国名または県名）		
人口		面積
自然のようす	※ このページは，地域の状況に合わせて解答を作成してください。	
生活のようす		
産業（特産物など）		
交流のようす		

P.111

地図帳の使い方（1）　名前

① 地図の上にあるカタカナを「列」を，左にある数字は「行」を表しています。

(1) 列のカタカナに青○を，行の数字に赤○をつけましょう。

(2) 佐渡島は「ウ２」にあります。
　① 猪苗代湖はどこにありますか。
　　（　オ３　）
　② 前橋はどこにありますか。
　　（　エ５　）

② 地図帳の後ろの方にあるさくいんのページを開き，「相生」というところを探しましょう。

(1) ［　］の中は，相生のある県の名前です。
　① 何県でしたか。（　兵庫　）県
　② 右のほうに記号が三つあります。何と書いてありますか。

　44　ア6（33 イ3）　※ 使っている地図帳に合わせてください。

(2) 最初の数字は相生のあるページで，そのページと記号で相生を探し，地図上の相生をよく観察しましょう。
　① 相生には新幹線が通っています。何という新幹線ですか。
　　（　山陽　）新幹線
　② 相生の海岸に立つと，たぶん島が見えるでしょう。何という島ですか。
　　（　家島　）・西島

地図帳の使い方（2）　名前

地図帳の都道府県の統計のページで調べましょう。

(1) 開きの左右のはしには何が書いてありますか。
　番号と（都道府県名）

(2) 自分の県（都・道・府）の面積と人口を調べましょう。
　面積（　略　）km²　人口（　略　）万人

(3) 日本の面積と人口を調べましょう。
　面積 377974 km²　人口 12770 万人

(4) 都道府県の面積で，広い順ベスト３を調べ，地図の中に赤で色をぬりましょう。
　① 北海道　② 岩手県　③ 福島県

(5) 都道府県の面積で，せまい順ベスト３を調べ，地図の中に青で色をぬりましょう。
　① 香川県　② 大阪府　③ 東京都

※ 使っている地図帳に合わせてください。

P.112

天気の変化 (1)　名前

● 右のグラフは，朝から夕方にかけての気温の変化を記録したものです。下の問いに答えましょう。

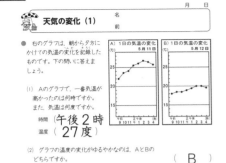

(1) Aのグラフで，一番気温が高かったのは何時ですか。また，気温は何度ですか。

時間（**午後2時**）
温度（**27度**）

(2) グラフの温度の変化がゆるやかなのは，AとBのどちらですか。（ **B** ）

(3) 2つのグラフは，晴れの日と雨の日のものです。晴れの日のグラフはA，Bどちらでしょうか。（ **A** ）

(4) 2つのグラフを見て，正しい方を○で囲み，説明文を完成させましょう。

① 晴れの日の気温は，朝夕は（ 高く・**低く** ），昼ごろに（ **高く**・低く ）なり，一日の変化が大きい。

② 雨やくもりの日は，晴れの日にくらべて，気温は（ **あまり変化しない**・はげしく変わる ）。

天気の変化 (2)　名前

① 気温をはかるとき，温度計に直せつ日光を当てないのはどうしてですか。

（例）**気温を正しくはかるため。**

② 下の絵には，百葉箱がかかれています。この箱の中には温度計があり，気温を正しくはかるためのくふうがしてあります。（ ）の中にあてはまることばを下の□から選んで書きましょう。

① （ **地面** ）から1.2～1.5mの高さに置いてある。

② （ **風** ）通しがよい。

③ えきだめに直せつ（ **日光** ）が当たらないようになっている。

| 風 | 地面 | 日光 |

③ 天気と1日の気温の変化は，関係があるのか調べます。次のうち，正しい文には○，まちがっている文には×をつけましょう。

（ **○** ）気温は，いつも同じ場所ではかる。

（ **×** ）気温は，ちがう場所ではかってもよい。

（ **×** ）晴れの日だけを調べる。

（ **○** ）晴れの日だけでなく，雨やくもりの日も調べる。

P.113

電気のはたらき (1)　名前

① 下の図の各部の名前を，下の□から選んで（ ）の中に書きましょう。

プラス極（+）→　①（ **かん電池** ）←　マイナス極（−）
④（ **豆電球** ）　②（ **プロペラ** ）
⑤（ **ソケット** ）→　③（ **モーター** ）
⑥（ **導線** ）→　⑦（ **タイヤ** ）

| マイナス（−） | ソケット | モーター | プロペラ |
| プラス（+） | 豆電球 | かん電池 | 導線 | タイヤ |

② モーターとかん電池2つを使い，①，②にあうつなぎ方になるように線をかきましょう。

① 直列つなぎ

② へい列つなぎ

電気のはたらき (2)　名前

① 次のつなぎ方を見て，答えましょう。

① かん電池1このときよりも速く回るものに○，同じ速さになるものに△を書きましょう。

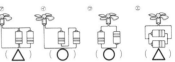

⑦（ △ ）　④（ ○ ）　⑦（ ○ ）　①（ △ ）

② ⑦，①のようなつなぎ方を何といいますか。（ **へい列** ）つなぎ

③ ④，⑦のようなつなぎ方を何といいますか。（ **直列** ）つなぎ

② 電気の通り道について，下の問いに答えましょう。

① ⑦のかん電池を1ことると，モーターは回りますか，回りませんか。

（ **回らない。** ）

② ①のかん電池を1ことると，モーターは回りますか，回りませんか。

（ **回る。** ）

P.114

電気のはたらき (3)　名前

● 次のつなぎ方は，かん電池の直列つなぎですか，へい列つなぎですか。（ ）に書きましょう。

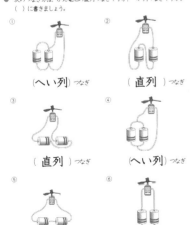

① （ **へい列** ）つなぎ
② （ **直列** ）つなぎ
③ （ **直列** ）つなぎ
④ （ **へい列** ）つなぎ
⑤ （ **直列** ）つなぎ
⑥ （ **直列** ）つなぎ

電気のはたらき (4)　名前

● 下の表に，回路図記号を書き入れましょう。

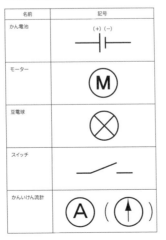

名前	記号
かん電池	(+) ─┤├─ (−)
モーター	Ⓜ
豆電球	⊗
スイッチ	─/─
かんいけん流計	Ⓐ（ ↑ ）

P.115

電気のはたらき (5)　名前

● 下の図のように，モーターとかん電池をつないで回路をつくりました。

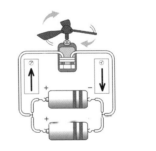

① モーターが回転しているとき，⑦と①では電流はどの向きに流れていますか。□の中に矢印を書きましょう。

② つなぎ方は変えずにかん電池の向きを変えると，電流の向きはどうなりますか。（ **変わる。** ）

③ ②のとき，モーターの回転の向きはどうなりますか。（ **変わる。** ）

空気や水のせいしつ (1)　名前

① 注しゃ器を使って，次のような実験をしました。

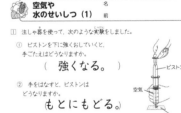

① ピストンを下に強くおしていくと，手ごたえはどうなりますか。

（ **強くなる。** ）

② 手をはなすと，ピストンはどうなりますか。

（ **もとにもどる。** ）

③ 空気のかわりに水を入れて，ピストンをおすと，どうなりますか。下から1つ選んで，○で囲みましょう。

（ 空気と同じようにおせる ・ 少しだけおせる ・ **まったくおせない** ）

② 空気でっぽうで，いろいろな実験をしました。図を見ながら，あてはまることばを下の□から選び，（ ）に書きましょう。

おしぼう　後玉　前玉

① 空気でっぽうで，おしぼうを（ **強く** ）おしたら，前玉はよくとんだ。

② （ **空気** ）がもれないように玉をつめたら，玉はよくとんだ。

③ 玉がとんだのは，（ **おしちぢめ** ）られた空気が，もとに（ **もどろう** ）として，前玉をおしたからだ。

| おしちぢめ | 空気 | 強く | もどろう |

P.116

空気や水のせいしつ (2)　名前

① 次の問題の正しい方に○をしましょう。
① 空気は，おしちぢめ（（られる） られない ）。
② 空気は，おしてはなすともに（（もどる） もどらない ）。
③ 空気には，（ ネジ （バネ） ）のようなせいしつがある。

② 空気と水のちがうところはどこですか。（ ）に，あてはまることばを □ から選んで書きましょう。

おしちぢめられる　おしちぢめられない

［ おしちぢめられる　おしちぢめられない ］

③ 次の物は，空気や水のせいしつを利用した道具です。
A （空気のせいしつを利用した物）
B （空気と水の両方のせいしつを利用した物）
C （水のせいしつを利用した物）
に分けて，（ ）に記号を書きましょう。

  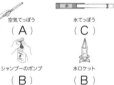

ボール（ A ）　空気てっぽう（ A ）　水てっぽう（ C ）
自転車のタイヤ（ A ）　シャンプーのポンプ（ B ）　水ロケット（ B ）

空気や水のせいしつ (3)　名前

① 空気と水のせいしつについて，表にまとめました。あいているところにあてはまることばを下の □ から選んで書きましょう。（同じことばを何度使ってもよい。）

物の名前	体積があるか	重さがあるか	目に見えるか
空気	ある	ある	見えない
水	ある	ある	見える

［ 見える　見えない　ある　ない ］

② 正しいことばを選んで，○で囲みましょう。
① 空気はおしちぢめ（（られる） られない ）が，水はおしちぢめ（ られる （られない） ）。
② おしちぢめられた（ 水 （空気） ）は，もとにもどろうとするせいしつがある。
③ 空気てっぽうで，おしぼうを（（強く） 弱く ）おすと，前玉はよくとぶ。

P.117

月と星 (1)　名前

① 夕方に見えた月の動きを調べました。月は，どちらへ動いていきますか。（ ）に①〜③の記号を書きましょう。

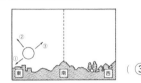

（ ③ ）

② ⑦〜⑨の月の形を何とよべばよいでしょうか。下の □ から選んで，（ ）によび名を書きましょう。

⑦　⑧　⑨

（ 半月 ）（ 三日月 ）（ 満月 ）

［ 満月　半月　三日月 ］

月と星 (2)　名前

① 月について，正しく説明しているものに○を，まちがっているものに×をつけましょう。
① （×） 月は，毎日同じ時こくに出ている。
② （○） 月も太陽と同じように，東の方から出て，南の空を通り，西の方にしずむ。
③ （×） 夕方，西の空に見える三日月は，のぼってきたばかりである。
④ （○） 月は，形に関係なく，東から出て，西にしずむ。

② 星についての説明です。正しい方を○で囲んで，文を完成させましょう。
① 夜空に見える星は〔 どれも同じ色 （いろいろな色） 〕をしている。
② 星の明るさは〔 （明るいものや暗いものがある） どれも同じ明るさである 〕。
③ 星のならびを，ものや人物などの形にあてはめて，むすびつけたものを〔 （星ざ） 北極星 〕という。

P.118

月と星 (3)　名前

① 南の方に見えた星は，時間がたつとどちらのほうへ動くでしょうか。⑦〜⑨の記号で答えましょう。

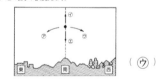

（ ⑨ ）

② 下の星のスケッチを見て，次の問いに答えましょう。

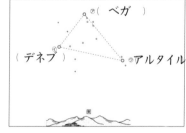

① 夜空のどの方向を見たときの図ですか。東・西・南・北のどれかを図の下の（ ）に書きましょう。

（ 北 ）

② 図の中の，「北斗七星」の７つの星を線でむすびましょう。
③ ⑦の星のならびを何といいますか。

（ カシオペヤ（カシオペア） ）ざ

④ 上の図の中で，北極星はどの星ですか。○で囲みましょう。

月と星 (4)　名前

● ７月７日の午後９時ごろ，東の空に明るい３つの星を見つけました。

⑦（ ベガ ）
（ デネブ ）
⑨（ アルタイル ）

① この３つの星でできる大きな三角形を何とよびますか。

（ 夏の大三角 ）

② 上の図で，⑦，⑧，⑨の星の名前を（ ）に書きこみましょう。
③ ⑦，⑧，⑨の星は何ざの星ですか。答えましょう。

⑦（ こと ）ざ　⑧（ はくちょう ）ざ　⑨（ わし ）ざ

鳥の名前や楽器の名前だよ。

P.119

雨水のゆくえ (1)　名前

① 雨がふったあとの校庭で，水の流れたあとを調べて，わかったことをまとめました。（ ）の中にあてはまることばを □ から選んで書きましょう。（同じことばを２度使ってもよい。）
① 水は（ 高い ）ところから（ 低い ）ところへ流れる。
② 水がたまるのは，最も（ 低い ）くぼ地などである。
③ しみこみ方の速いところは（ すな ）であり，おそいところは（ 土 ）である。

［ 低い　高い　すな　土 ］

② 雨がふった次の日に外へ出ると，校庭の土には水たまりが残っていましたが，公園のすな場には水たまりはありませんでした。これはどうしてでしょうか。理由として正しい文に○をつけましょう。

（ ）すな場のすなは，校庭の土よりもつぶが大きく，水がしみこむのがおそいから。
（○）すな場のすなは，校庭の土よりもつぶが大きく，水がしみこむのがはやいから。
（ ）すな場のすなは，校庭の土よりもつぶが小さく，水がしみこむのがはやいから。

雨水のゆくえ (2)　名前

● 雨水のゆくえで学習したことを使って，次のことを説明しましょう。（ ）の中にあてはまることばを □ から選んで書きましょう。（同じことばを何度使ってもよい。）
① 晴れた日に，せんたく物がよくかわくのはどうしてですか。
せんたく物の（ 水分 ）があたためられて（ 気体 ）になり，（ 空気 ）の中に出ていくから。
② 水そうの水が日がたつとへっているのはどうしてですか。
水そうの水は，（ 表面 ）から，少しずつ（ 空気 ）の中に出ていくから。
③ ぬれた地面がいつのまにかかわくのはどうしてですか。
（ 地面 ）の（ 水分 ）が少しずつ（ 空気 ）の中に出ていくから。
④ ①〜③のことからわかることは何ですか。
水は（ 空気 ）の中に出ていくと考えられる。

［ 表面　気体　空気　水分　地面 ］

P.120

雨水のゆくえ（3）

名前

月　日

● 地面に水をまいたあと，しみこんだことをたしかめて，底にとうめいの入れ物をふせておきます。しばらくして，入れ物の中のようすを調べます。

とうめいの入れ物の内側に水がついていました。

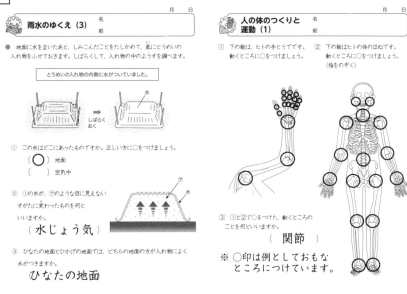

① この水はどこにあったものですか。正しい方に○をつけましょう。

（○）地面
（　）空気中

② ①の水が，⑦のような目に見えないすがたに変わったものを何といいますか。

（ 水じょう気 ）

③ ひなたの地面とひかげの地面では，どちらの地面の方が入れ物によく水がつきますか。

（ ひなたの地面 ）

人の体のつくりと運動（1）

名前

月　日

１ 下の絵は，ヒトの手とうでです。動くところに○をつけましょう。

２ 下の絵は，ヒトの体のほねです。動くところに○をつけましょう。
（指をのぞく）

３ １と２で○をつけた，動くところのことを何といいますか。

（ 関節 ）

※ ○印は例としておもなところにつけています。

P.121

人の体のつくりと運動（2）

名前

月　日

● 右の図はヒトの体のほねです。問題に答えましょう。

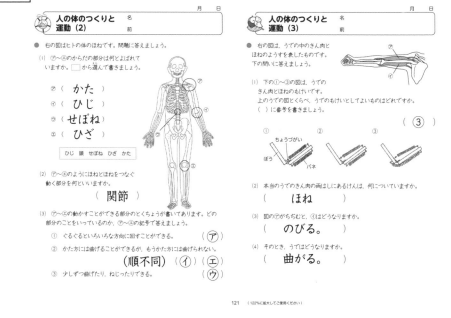

(1) ⑦～①のからだの部分は何とよばれていますか。□□から選んで書きましょう。

⑦ （ かた ）
⑦ （ ひじ ）
⑦ （ せぼね ）
① （ ひざ ）

ひじ　頭　せぼね　ひざ　かた

(2) ⑦～①のようにほねとほねをつなぐ動く部分を何といいますか。

（ 関節 ）

(3) ⑦～①の動かすことができる部分のとくちょうが書いてあります。どの部分のことをいっているのか，⑦～①の記号で答えましょう。

① ぐるぐるといろいろな方向に回すことができる。 （ ⑦ ）

② かた方には曲げることができるが，もうかた方には曲げられない。 （順不同）（ ⑦ ）（ ① ）

③ 少しずつ曲げたり，ねじったりできる。 （ ⑦ ）

人の体のつくりと運動（3）

名前

月　日

● 右の図は，うでの中のきん肉とほねのようすを表したものです。下の問いに答えましょう。

(1) 下の①～③の図は，うでのきん肉とほねのもけいです。上のうでの図とくらべ，うでのもけいとしてよいものはどれですか。（　）に番号を書きましょう。

（ ③ ）

(2) 本当のうでのきん肉の両はしにあるけんは，何についていますか。

（ ほね ）

(3) 図の⑦がちぢむと，①はどうなりますか。

（ のびる。 ）

(4) そのとき，うではどうなりますか。

（ 曲がる。 ）

P.122

人の体のつくりと運動（4）

名前

月　日

１ 下の図はニワトリ，フナ，ウサギの体のつくりです。正しく説明している文すべてに○をつけましょう。

① （○）ニワトリ，フナ，ウサギ，どれにもほねがある。
② （　）ニワトリ，フナ，ウサギ，どれにも足がある。
③ （○）ニワトリ，フナ，ウサギ，どれにもせぼねがある。
④ （○）ニワトリ，フナ，ウサギ，どれにも関節がある。

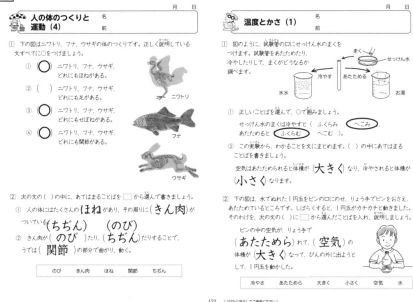

ニワトリ
フナ
ウサギ

２ 次の文の（　）の中に，あてはまることばを□□から選んで書きましょう。

① 人の体にはたくさんの（ ほね ）があり，その周りに（きん肉）がついている

② きん肉が（ のび ）たり，（ちぢん）だりすることで，うでは（ 関節 ）の部分で曲がり，動く。

のび　きん肉　ほね　関節　ちぢん

温度とかさ（1）

名前

月　日

１ 図のように，試験管の口にせっけん水のまくをつけます。試験管をあたためたり，冷やしたりして，まくがどうなるか調べます。

① 正しいことばを選んで，○で囲みましょう。

せっけん水のまくは冷やすと（ ふくらみ・へこみ）。
あたためると（ふくらむ・へこむ）。

② この実験から，わかることを文にまとめます。（　）の中にあてはまることばを書きましょう。

空気はあたためられると体積が（大きく）なり，冷やされると体積が（小さく）なります。

２ 下の図は，水でぬれた１円玉をビンの口にのせ，りょう手でビンをおさえ，あたためているところです。しばらくすると，１円玉がカチカチと動きました。そのわけを，次の文の（　）に□□から選んだことばを入れ，説明しましょう。

ビンの中の空気が，りょう手で（あたためら）れて，（空気）の体積が（大きく）なって，びんの外に出ようとして，１円玉を動かした。

冷やさ　あたためら　大きく　小さく　空気　水

P.123

温度とかさ（2）

名前

月　日

● 下の図のように，空気を入れたペットボトルを，お湯と水水に入れました。

⑦ お湯
① 氷水

① ペットボトルがへこむのは，⑦，①のどちらですか。 （ ① ）

② ペットボトルが少しふくらみ，かたくなるのは⑦，①のどちらでしょうか。 （ ⑦ ）

③ この２つの実験の結果をまとめました。（　）にあてはまることばを下の□□から選んで書きましょう。

空気はあたためられると体積が（大きく）なり，冷やされると体積が（小さく）なる。

大きく　小さく

温度とかさ（3）

名前

月　日

● 金ぞくの温度による体積の変わり方を調べる実験をしました。

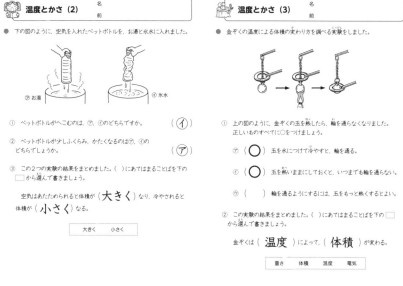

① 上の図のように，金ぞくの玉を熱したら，輪を通らなくなりました。正しいものすべてに○をつけましょう。

⑦ （○）玉を水につけて冷やすと，輪を通る。
① （○）玉を熱いままにしておくと，いつまでも輪を通らない。
⑦ （　）輪を通るようにするには，玉をもっと熱くするとよい。

② この実験の結果をまとめました。（　）にあてはまることばを下の□□から選んで書きましょう。

金ぞくは（ 温度 ）によって，（ 体積 ）が変わる。

重さ　体積　温度　電気

児童に実施させる前に，必ず指導される方が問題を解いてください。本書の解答は，あくまでも１つの例です。指導される方の作られた解答をもとに，本書の解答例を参考に児童の多様な考えに寄り添って○つけをお願いします。

P.124

冬の星 名前

● 冬の夜空をながめると，図のような星の集まりを見つけました。

① 星ざの名前は何ですか。
（ オリオン ）ざ

② 図の⑦と⑦の星の名前は何ですか。
⑦ （ ベテルギウス ）
⑦ （ リゲル ）

③ 図の⑦と⑦の星の色は何色ですか。
⑦ （ 赤 ）色
⑦ （ 青 ）色
（青白）

④ （ ）の中の正しい方に○をつけましょう。

時間がたつと，星ざのならび方は （ 変わり ・ 変わらず ）。
星ざの位置は （ 変わる ・ 変わらない ）。

物のあたたまり方 (1) 名前

① 図のように，ろうをぬった金ぞく板のあたたまり方を調べました。「・」の部分をあたためたとき，どのようにあたたまっていきますか。例のようにかいてみましょう。

（例）
ろうをぬった金ぞく板

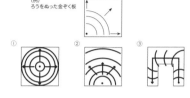

① ② ③

② 金ぞくぼうをあたためたとき，それぞれはやくあたたまる順（マッチぼうがたおれる順）に番号を書きましょう。

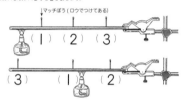

（1） （2） （3）

（3） （1） （2）

P.125

物のあたたまり方 (2) 名前

① 右の図のように，試験管に水を入れ，あたためます。正しいものに○をしましょう。

（1） 図1のように，水面近くをあたためたとき，＜図1＞
① （ ）上から下まで，あたたまる。
② （○）上だけあたたまる。
③ （ ）下だけあたたまる。

（2） 図2のように，そこの部分をあたためたとき，＜図2＞
① （○）上から下まで，あたたまる。
② （ ）上だけあたたまる。
③ （ ）下だけあたたまる。

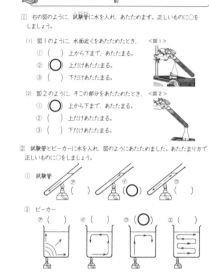

② 試験管とビーカーに水を入れ，図のようにあたためました。あたたまり方で正しいものに○をしましょう。

① 試験管
⑦（ ） ⑦（ ） ⑦（○） ⑦（ ）

② ビーカー
⑦（ ） ⑦（ ） ⑦（○） ⑦（ ）

物のあたたまり方 (3) 名前

① ストーブを図のように，部屋において温度をはかり，あたたまり方を調べました。

① 上の方と下の方では，どちらがあたたかいですか。
（ 上の方 ）

② ストーブを部屋のすみにおきました。部屋は，どのようにあたたまっていきますか。下の図に→をかきましょう。

② 鉄板焼きをするとき，金ぞくへらを鉄板にのせたままにしてはいけないのは，なぜですか。そのわけを書きましょう。

（例）
鉄板の熱がへらに伝わり，あつくなってやけどするから。

P.126

物の3つのすがた (1) 名前

● 下の図は，ビーカーに水を入れ，アルミニウムはくでふたをして，熱して，水をわかしているところです。（ ）にあてはまることばを □ から選んで書きましょう。（同じことばを2度使ってもよい。）

水じょう気（目に見えない）
湯気（目に見える）
水じょう気
あなを開ける
水じょう気
ふっとう石
金あみ

① 水を熱すると，ビーカーの中の水の量がへったのは，水が（じょう発）したからである。

② 水を熱したときに水の中から出ているあわは（水じょう気）である。

③ 湯気は，水じょう気が（冷やされて），小さい（水）のつぶになったものである。

④ 水がふっとうしているとき，水は，さかんに（じょう発）している。

水　水じょう気　じょう発　あたためられて　冷やされて

物の3つのすがた (2) 名前

● 下のグラフは，図のように試験管に水を入れたものを，食塩をまぜた氷の中に入れ，水の温度の変わり方を調べたものです。

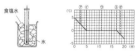

食塩水

① はじめの水の温度は，何度ですか。（ 5 ）℃

② 水が氷になりはじめたのは，⑦〜⑦のどこですか。（ ⑦ ）

③ 水が氷になりはじめたときの温度は，何度ですか。（ 0 ）℃

④ 氷になりはじめたのは，実験をはじめてから何分後ですか。（ 5 ）分後

⑤ 水がすべて氷になるまで，温度はどうなっていますか。⑦，⑦の文のうち正しいものに○をつけましょう。
⑦（○）0℃のままで変わらない。⑦（ ）ずっと温度が下がっている。

⑥ 水がすべて氷になったのは，実験をはじめてから何分後ですか。（ 17 ）分後

⑦ すべて氷になると，温度はどうなりますか。正しいもの1つに○をつけましょう。
⑦（○）さらに下がる。⑦（ ）さらに上がる。⑦（ ）変わらない。

⑧ 水が氷になると，体積はどうなりますか。正しいもの1つに○をつけましょう。
⑦（○）大きくなる。⑦（ ）変わらない。⑦（ ）小さくなる。

P.127

物の3つのすがた (3) 名前

① 下の①〜④の文の（ ）の中にあてはまることばを □ から選んで書きましょう。

① 水は（温度）によって，水じょう気や氷に変わる。

② 水じょう気は目に見えない。水じょう気のようなようすを（気体）という。

③ 水は目に見える。水のようなようすを（えき体）という。

④ 氷はかたまりである。氷のようなようすを（固体）という。

温度　気体　えき体　固体

② 室温（約20度）のとき，⑦〜⑦を，気体，えき体，固体の3つのすがたになかまわけし，その番号を書きましょう。

（順不同）

① 気体 （ ⑦ ）
② えき体 （ ⑦, ⑦, ⑦ ）
③ 固体 （ ⑦, ⑦, ⑦ ）

⑦鉄　⑦サラダ油　⑦木　⑦空気
⑦石　⑦しょうゆ　⑦アルコール

物の3つのすがた (4) 名前

① 下の □ のことばを使い，温度と水のようすについてまとめましょう。（同じことばを2度使ってもよい。）

① 気体を冷やすと（えき体）になり，もっと冷やすと（ 固体 ）になる。

② 固体の氷を熱していくと，（えき体）の水になり，もっと熱していくと（ 気体 ）の水じょう気になる。

固体　えき体　気体

② 水の入ったペットボトルのラベルには，「こおらせないでください。」と書かれているものがあります。なぜですか。

（例）水をこおらせると，体積が大きくなり，ペットボトルがこわれてしまうことがあるから。

コピーしてすぐ使える
まるごと宿題プリント　4年

2022 年 3 月 10 日　　第 1 刷発行

執 筆 協 力 者： 新川 雄也・谷 哲弥・中楯 洋・中村 幸成・羽田 純一 他
イ ラ ス ト： 山口 亜耶・浅野 順子 他
企 画 ・ 編 著： 原田 善造・あおい えむ・今井 はじめ・さくら りこ・
　　　　　　　 ほしの ひかり・堀越 じゅん（他 5 名）
編 集 担 当： 川瀬 佳世

発 　 行 　 者： 岸本 なおこ
発 　 行 　 所： 喜楽研（わかる喜び学ぶ楽しさを創造する教育研究所：略称）
　　　　　　　 〒604-0827　京都府京都市中京区高倉通二条下ル瓦町 543-1
　　　　　　　 TEL　075-213-7701　FAX　075-213-7706
　　　　　　　 HP　 https://www.kirakuken.co.jp
印 　 　 　 刷： 株式会社米谷

ISBN:978-4-86277-344-9

Printed in Japan

喜楽研の5分・教科書プリントシリーズ

朝学習 家庭学習 宿 題 復 習 個別支援 に毎日使える

コピーしてすぐ使える
5分 算数 教科書プリント
1年〜6年

本体 各1,950円+税　★P96〜P112　★B4判

5分 国語 教科書プリント 1年〜6年
光村図書教科書の教材より抜粋

本体 各2,200円+税　★P96　★B4判

5分 国語 教科書プリント 1年〜6年
東京書籍・教育出版教科書の教材より抜粋

本体 各2,200円+税　★P96　★B4判

コピーしてすぐ使える
5分 理科 教科書プリント
3年〜6年

本体 各1,950円+税　★P96　★B4判

コピーしてすぐ使える
5分 社会 教科書プリント
3・4年, 5年, 6年

本体 各1,950円+税　★P96　★B4判

発行
発売 **喜楽研** （わかる喜び学ぶ楽しさを創造する教育研究所：略称）
TEL:075-213-7701　FAX:075-213-7706

〒604-0827　京都府京都市中京区高倉通二条下ル瓦町543-1